VALÉRY DROUET & PIERRE-LOUIS VIEL

CURRYS & TAJINES!

[MIT FLEISCH, FISCH UND GEMÜSE]

h.f.ullmann

INHALT!

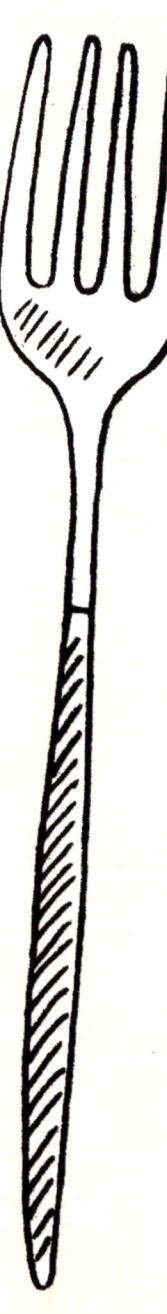

> **Currypasten!** 8
> **Gewürze!** 12
> **Chutneys & Beilagen!** 16
> **Zum Curry serviert!** 20
> **Zur Tajine serviert!** 24

CURRYS!

Fleisch

> Rotes Thaicurry vom Huhn 30
> Grünes Hühnercurry mit Kokos und Cashewnüssen 32
> Scharfes Hühnercurry Madras 34
> Hühnercurry mit Kardamom 36
> Curry vom Stubenküken mit Spinat 38
> Entencurry mit Äpfeln 40
> Rindfleischcurry mit Erbsen 42
> Schwarzes Rindfleischcurry mit Zwiebeln 44
> Schweinecurry mit Knoblauch 46
> Schweinecurry mit Joghurt 48
> Lammkorma 50
> Gelbes Lammbällchencurry mit Aprikosen 52
> Lammbiryani 54

Fisch & Meeresfrüchte

> Krabbenbalchao 56
> Kabeljaucurry Bengalen 58
> Seeteufelcurry mit Tamarinde 60
> Tikka Masala von der Dorade 62
> Grünes Lachscurry mit Kokosmilch 64
> Gelbes Fischcurry mit Kokosmilch 66
> Gambas-Tandoori auf Salat 68
> Rotes Seeteufelcurry mit Kirschtomaten 70
> Vindaloo von Garnelen 72
> Hummercurry mit Mango und Kokosmilch 74
> Schwarzes Jakobsmuschelcurry mit Wurzelgemüse 76
> Mildes Garnelencurry mit Kokos und Kardamom 78

Gemüse

> Eiercurry mit Tomaten 80
> Gemüsecurry mit Senfkörnern 82
> Kartoffelcurry mit Zitrone und Kreuzkümmel 84
> Blumenkohlcurry 86

Rezepte und Foodstyling: Valéry Drouet
Fotos: Pierre-Louis Viel

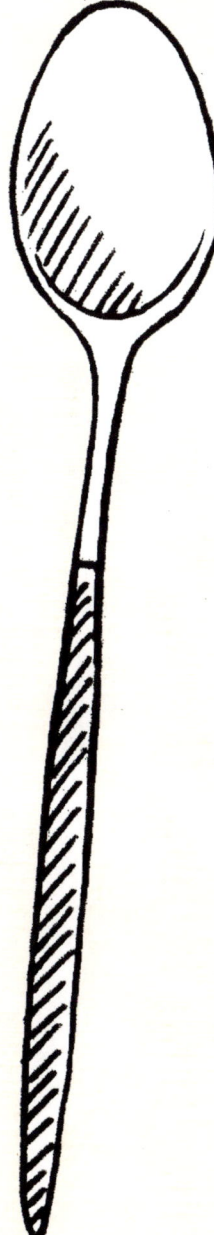

TAJINES!

Fleisch

> Lammtajine mit Kartoffeln und Oliven — 90
> Lammhaxenterrine mit Ingwer — 92
> Lammtajine mit Pflaumen und Mandeln — 94
> Lammtajine mit Zitrone — 96
> Lammtajine mit Rosinen, Zwiebeln und Pistazien — 98
> Orientalische Hühnertajine — 100
> Hühnertajine mit Zwiebeln und Couscous — 102
> Hühnertajine mit Zucchini und Zitronenthymian — 104
> Hühnertajine mit Möhren und Kichererbsen — 106
> Taubentajine mit Zwiebeln und Erbsen — 108
> Kalbfleischtajine mit Artischocken — 110
> Kalbfleischtajine mit Möhren — 112
> Kalbfleischtajine mit kleinem Frühlingsgemüse — 114
> Kalbfleischtajine mit Datteln — 116
> Hackbällchen vom Rind mit Safran — 118

Fisch

> Doradentajine mit schwarzen Oliven — 120
> Seelachstajine mit Kichererbsen und Kurkuma — 122
> Makrelentajine mit gelben Zucchini — 124
> Mit Kräutern gefüllte Doradentajine in würziger Tomatensauce — 126
> Rotbarbentajine mit Paprikagemüse — 128

Gemüse

> Tajine mit vierfach gegartem Gemüse — 130
> Eiertajine mit Tomaten und Thymianbohnen — 132
> Möhren-Orangen-Tajine — 134
> Auberginentajine mit Zwiebeln und Kichererbsen — 136
> Kartoffeltajine mit Knoblauch und Kreuzkümmel — 138

CURRYPASTEN!

GELBE CURRYPASTE

GRÜNE CURRYPASTE

ROTE CURRYPASTE

SCHWARZE CURRYPASTE

GARAM MASALA

CURRYPASTEN!

GELBE CURRYPASTE

Für ca. 200 g Paste/Vorbereitungszeit: 15 Min./Einweichzeit: 30 Min. 10 getrocknete kleine rote Chilis/4 Schalotten/4 Knoblauchzehen/1 EL Galgant- oder Ingwerpaste/1 EL Krabbenpaste (Asia- oder Indialaden)/5 Gewürznelken/2 EL Kreuzkümmelpulver/1 EL Kurkuma/1 großer EL Currypulver/2 Prisen Zimtpulver

Die roten Chilis in einer Schüssel mit kaltem Wasser ca. 30 Minuten einweichen. Schalotten und Knoblauch schälen und hacken. Die Chilis abgießen und mit etwas Einweichwasser in einen Mixer geben. Die restlichen Zutaten zufügen und alles zu einer Paste mixen (etwas kaltes Wasser dazugeben, falls die Paste zu dick ist). Die gelbe Currypaste in einem verschlossenen Behälter im Kühlschrank aufbewahren.

GRÜNE CURRYPASTE

Für ca. 200 g Paste/Vorbereitungszeit: 20 Min. 2 Schalotten/2 Knoblauchzehen/8 frische kleine grüne Chilis/1 Kaffir-Limette/½ Stängel Zitronengras/1 kleiner Bund frischer Koriander/ 10 Basilikumblätter/1 EL Krabbenpaste (Asia- oder Indialaden)/2 EL Galgant- oder Ingwerpaste/ 1 EL gemahlener Koriander/1 EL Kreuzkümmelpulver/1 TL Kurkuma/1 EL schwarze Pfefferkörner

Schalotten und Knoblauch schälen und hacken. Die grünen Chilis waschen, Samen entfernen und hacken. Die Kaffir-Limette schälen und in Filets teilen. Die äußeren Blätter des Zitronengrases entfernen und den weichen Teil des Stängels hacken. Die Kräuter waschen und entstielen. Alle Zutaten in einen Mixer geben und zu einer Paste mixen (etwas kaltes Wasser dazugeben, falls die Paste zu dick ist). Die grüne Currypaste in einem verschlossenen Behälter im Kühlschrank aufbewahren.

ROTE CURRYPASTE

Für ca. 200 g Paste/Vorbereitungszeit: 15 Min./Einweichzeit: 30 Min. 15 getrocknete kleine rote Chilis/3 Schalotten/4 Knoblauchzehen/1 Kaffir-Limette/1 Stängel Zitronengras/100 g Galgant- oder Ingwerpaste/1 EL Krabbenpaste (Asia- oder Indialaden)/1 EL rotes Paprikapulver/1 TL Kurkuma

Die roten Chilis in einer Schüssel mit kaltem Wasser ca. 30 Minuten einweichen. Zwiebeln und Knoblauch schälen und hacken. Die Kaffir-Limette schälen und in Filets teilen. Die äußeren Blätter des Zitronengrases entfernen und den weichen Teil des Stängels hacken. Die Chilis abgießen und mit etwas Einweichwasser in einen Mixer geben. Die restlichen Zutaten zufügen und alles zu einer Paste mixen (etwas kaltes Wasser zufügen, falls die Paste zu dick ist). Die rote Currypaste in einem verschlossenen Behälter im Kühlschrank aufbewahren.

SCHWARZE CURRYPASTE

Für ca. 200 g Paste/Vorbereitungszeit: 15 Min./Kochzeit: 25 Min. 15 getrocknete kleine rote Chilis/2 EL geriebene Kokosnuss/1 TL getrocknete Chiliflocken/1 Zimtstange/1 EL Kardamomkapseln/ 2 EL Korianderkörner/1 EL Fenchelsamen/1 EL Senfkörner/2 EL Kreuzkümmelsamen/8 Gewürznelken/ 10 getrocknete Zitronenblätter

Den Backofen auf 200 °C vorheizen. Die Chilis auf ein mit Alufolie belegtes Backblech legen und 15 Minuten im Ofen rösten. Sie dürfen nicht schwarz werden. Während sie abkühlen, die geriebene Kokosnuss mit allen anderen Gewürzen bis auf die Gewürznelken und die Zitronenblätter in einer Pfanne bei mittlerer Temperatur 8–10 Minuten leicht bräunen, dabei regelmäßig rühren. Abkühlen lassen. Die Chilis und die Gewürzmischung mit Zitronenblättern und Gewürznelken in einen Mixer geben. Einige Minuten mixen und dabei etwas kaltes Wasser zugießen, bis eine Paste entsteht. Die schwarze Currypaste in einem verschlossenen Behälter im Kühlschrank aufbewahren.

Anstelle einer Paste können Sie auch schwarzes Currypulver herstellen, indem Sie alle Zutaten einige Minuten im Mixer pürieren, ohne kaltes Wasser zuzufügen. Dieses Pulver in einem verschlossenen Behälter lichtgeschützt aufbewahren.

GARAM MASALA

Für ca. 100 g de Garam Masala/Vorbereitungszeit: 10 Min. ½ Muskatnuss/2 kleine Zimtstangen/ 3 getrocknete Lorbeerblätter/8 Gewürznelken/20 Kardamomkapseln/50 g Kreuzkümmelsamen/ 20 g Korianderkörner/10 g schwarze Pfefferkörner

Die halbe Muskatnuss und die Zimtstangen in ein sauberes Tuch wickeln und mit einem Nudelholz grob zerstoßen und in einen Mixer geben. Die restlichen Gewürze zufügen und einige Minuten zu einem feinen Pulver mixen. Das Garam Masala in einem verschlossenen Behälter trocken und lichtgeschützt aufbewahren.

Perfekt wird das Pulver, wenn Sie es nach dem Mixen durch ein feines Sieb streichen.

Sie können die Currypasten im Vorhinein zubereiten und bis zu 15 Tage im Kühlschrank aufbewahren.

GEWÜRZE!

GETROCKNETE ROTE CHILIFLOCKEN

KARDAMOMKAPSELN

KORIANDERKÖRNER

GETROCKNETE CHILIS

FENCHELSAMEN

SENFKÖRNER

GEWÜRZNELKEN

PFEFFER

KREUZKÜMMELSAMEN

ZIMTSTANGEN

GARAM MASALA

PAPRIKAPULVER

GEMAHLENER INGWER

GERIEBENE MUSKATNUSS

CURRYPULVER

KURKUMA

GEMAHLENER KORIANDER

KREUZKÜMMELPULVER

CURRYBLÄTTER

GALGANTPASTE

TAMARINDENPASTE

FRISCHER KNOBLAUCH

FRISCHER INGWER

FRISCHE KLEINE
ROTE UND GRÜNE CHILIS

CHUTNEYS & BEILAGEN!

TOMATENCHUTNEY
MIT KURKUMA

MINZ-KOKOS-CHUTNEY
MIT HONIG

MANGOCHUTNEY
MIT SENFKÖRNERN

APFELCHUTNEY
MIT ROSINEN UND INGWER

GEWÜRZPICKLES

CHUTNEYS & BEILAGEN!

TOMATENCHUTNEY MIT KURKUMA

Für 6 Personen/Vorbereitungszeit: 30 Min./Kochzeit: 45 Min. 4 große vollreife Tomaten/
2 Schalotten/20 g frischer Ingwer/1 TL Kurkuma/100 ml Weinessig/80 g Zucker/Salz, Pfeffer aus der Mühle

Die Tomaten halbieren, die Kerne entfernen und das Fruchtfleisch grob hacken. Die Schalotten schälen
und fein hacken. Den Ingwer schälen und reiben. Alle Zutaten in einen Topf geben, 100 ml Wasser
zugießen, salzen und pfeffern. 45-60 Minuten bei niedriger Temperatur köcheln und abkühlen lassen.
Das Chutney in ein Einmachglas umfüllen und im Kühlschrank aufbewahren.

MINZ-KOKOS-CHUTNEY MIT HONIG

Für 6 Personen/Vorbereitungszeit: 20 Min. 2 kleine grüne Chilis/1 Bund frische Minze/
200 g griechischer Joghurt/2 EL flüssiger Honig/2 EL geriebene Kokosnuss/Salz

Die Chilis waschen, Samen entfernen und hacken. Die Minze waschen und entstielen. Alle Zutaten mit
einer Prise Salz in einen kleinen Mixer geben und 3 Minuten mixen. Das Chutney in ein Einmachglas
umfüllen und im Kühlschrank aufbewahren.

Zu einem Fisch- oder Hühnercurry sehr zu empfehlen.

MANGOCHUTNEY MIT SENFKÖRNERN

Für 6 Personen/Vorbereitungszeit: 20 Min./Kochzeit: 1 Std. 3 Schalotten/2 Knoblauchzehen/
2 kleine milde rote Chilis/1 Stängel Zitronengras/1 Mango, ca. 600 g/50 g Senfkörner/2 EL geriebene
Kokosnuss/150 ml Rotweinessig/80 g Rohrzucker/Salz, Pfeffer aus der Mühle

Schalotten und Knoblauch schälen und hacken. Die kleinen Chilis waschen und hacken. Die äußeren
Blätter vom Zitronengras entfernen und den weichen Teil des Stängels fein hacken. Die Mango schälen,
fein würfeln und in einen Topf geben. Schalotten, Knoblauch, Chilis, Zitronengras und die restlichen
Zutaten dazugeben. 150 ml Wasser zugießen und bei niedriger Temperatur ca. 1 Stunde zu einem
Chutney einkochen. Abkühlen lassen, in ein Einmachglas umfüllen und im Kühlschrank aufbewahren.

Passt perfekt zu einem Fleischcurry.

APFELCHUTNEY MIT ROSINEN UND INGWER

Für 6 Personen/Vorbereitungszeit: 20 Min./Kochzeit: 1 Std. 30 Min. 2 Äpfel/1 rote Zwiebel/
2 Knoblauchzehen/2 rote Chilis/30 g frischer Ingwer/80 g helle Rosinen/150 ml Rotweinessig/
80 g Rohrzucker/Salz

Die Äpfel waschen, aber nicht schälen. Das Kerngehäuse entfernen und das Fruchtfleisch fein würfeln.
Zwiebel und Knoblauch schälen und fein hacken. Die Chilis waschen, Samen entfernen und hacken. Den
Ingwer schälen und reiben. Alle Zutaten in einen Topf geben, 200 ml kaltes Wasser zugießen und salzen.
Bei niedriger Temperatur ca. 1 Stunde 30 Minuten zu einem Chutney einkochen. Abkühlen lassen und in
einem Einmachglas im Kühlschrank aufbewahren.

GEWÜRZPICKLES

Für 6 Personen/Vorbereitungszeit: 30 Min./Ruhezeit: 48 Std./Kochzeit: 5 Min. 3 Möhren/
300 g Blumenkohl/1 Bund Frühlingszwiebeln/2 Knoblauchzehen/30 g frischer Ingwer/100 ml Sherryessig/
150 ml Sonnenblumenöl/80 g Zucker/1 TL Kurkuma/1 TL Kreuzkümmelpulver/Salz, Pfeffer aus der Mühle

Die Möhren schälen, hacken und in feine Stifte schneiden. Den Blumenkohl in Röschen zerteilen und waschen.
Die Frühlingszwiebeln putzen und den Knoblauch schälen. Den Ingwer schälen und fein hacken. Essig, Öl und
200 ml Wasser in einen großen Topf gießen. Zucker, Ingwer, Kurkuma und Kreuzkümmelpulver dazugeben,
salzen und pfeffern. 3 Minuten kochen. Das Gemüse in den Topf geben, aufkochen und 1 weitere Minute
kochen. Von der Kochplatte nehmen und abkühlen lassen. Das Gemüse mit dem Kochwasser in ein großes
Einmachglas füllen und vor dem Verzehr mindestens 48 Stunden im Kühlschrank ziehen lassen.

ZUM CURRY

TOMATENRAITA

GURKENRAITA

GEWÜRZPILAW

SERVIERT!

DHAL MIT JOGHURT

PÜREE AUS FEUERBOHNEN

ZUM CURRY SERVIERT!

TOMATENRAITA

Für 6 Personen/Vorbereitungszeit: 30 Min./Kühlzeit: 1 Std. 3 Tomaten/2 kleine grüne Chilis/
1 mittelgroße Zwiebel/2 Knoblauchzehen/1 kleiner Bund frischer Koriander/300 g griechischer Joghurt/
3 Prisen Paprikapulver/Salz

Die Tomaten waschen und vierteln, die Kerne entfernen und das Fruchtfleisch fein würfeln. Die Chilis
waschen, Samen entfernen und hacken. Zwiebel und Knoblauch schälen und hacken. Den Koriander
waschen und hacken. Den Joghurt in eine Schüssel füllen und die Tomaten einrühren. Die restlichen
Zutaten untermischen und mit Paprikapulver und Salz abschmecken. Die Tomatenraita vor dem
Servieren mindestens 1 Stunde kaltstellen.

GURKENRAITA

Für 6 Personen/Vorbereitungszeit: 45 Min./Ruhezeit: 30 Min./Kühlzeit: 1 Std. 1 Salatgurke/Salz/
2 kleine grüne Chilis/1 kleiner Bund frischer Koriander/300 g griechischer Joghurt/½ TL Garam Masala
(siehe Rezept S. 11)

Die Gurke waschen und reiben, dabei den inneren Strunk nicht mitreiben. In ein Sieb legen, salzen und mit
einem Teller abdecken. Etwa 30 Minuten entwässern. Die Chilis waschen, Samen entfernen und hacken.
Den Koriander waschen und zupfen. Den Joghurt in einer Schüssel mit der geriebenen Gurke verrühren. Die
restlichen Zutaten untermischen und mit Garam Masala und Salz abschmecken. Die Gurkenraita vor dem
Servieren mindestens 1 Stunde kaltstellen.

GEWÜRZPILAW

Für 6 Personen/Vorbereitungszeit: 20 Min./Einweichzeit: 20 Min./Kochzeit: 25 Min.
350 g Basmatireis/1 Zwiebel/1 Zimtstange/10 Kardamomkapseln/6 Gewürznelken/1 EL Kümmelsamen /
10 schwarze Pfefferkörner/80 ml Öl/1 EL Currypulver/1 TL Kurkuma/Salz

Den Reis 20 Minuten in kaltem Wasser einweichen. Die Zwiebel schälen und fein hacken. Zimtstange
und Kardamomkapseln mit einem Nudelholz grob zerkleinern. Zimt, Gewürznelken, Kümmelsamen und
Pfefferkörner in einer Pfanne oder feuerfesten Form 5 Minuten vorsichtig rösten. Öl, Currypulver, Kurkuma und Zwiebel dazugeben und 5 Minuten bei mittlerer Temperatur bräunen. Den Reis dazugeben und
sorgfältig mit dem Öl und den Gewürzen vermischen. Salzen und 500 ml Wasser zugießen. Den Reis flach
streichen, mit einem Tuch abdecken und 18–20 Minuten bei niedriger Temperatur garen, dabei nicht
rühren. Die Kochplatte ausschalten, den Deckel abnehmen und den Reis mit einer Gabel auflockern. Zu
einem Fleisch- oder Fischcurry servieren.

DHAL MIT JOGHURT

Für 6 Personen/Vorbereitungszeit: 20 Min./Kochzeit: 45 Min. 350 g gelbe Linsen/1 große Zwiebel/6 Knoblauchzehen/50 ml Sonnenblumenöl/1 TL Kreuzkümmelpulver/1 EL getrocknete Chiliflocken/Salz/250 g Joghurt

Die Linsen unter kaltem Wasser abspülen und in einen Topf geben. 600 ml kaltes Wasser zugießen, aufkochen und ca. 30 Minuten bei niedriger Temperatur köcheln lassen. In der Zwischenzeit Zwiebel und Knoblauch schälen, hacken und mit dem Öl in einer Pfanne 10 Minuten bei niedriger Temperatur dünsten. Kreuzkümmelpulver, Chiliflocken und Salz unterrühren. Nach 30 Minuten Kochzeit mit Salz abschmecken, den Joghurt und die gewürzte Zwiebel-Knoblauch-Mischung dazugeben. Alles gut vermischen und weitere 10 Minuten köcheln lassen.

PÜREE AUS FEUERBOHNEN

Für 6 Personen/Vorbereitungszeit: 20 Min./Einweichzeit: 1 Nacht/Kochzeit: 1 Std. 30 Min.
250 g Feuerbohnen/50 g frischer Ingwer/Salz/6 Knoblauchzehen/2 EL Sonnenblumenöl/2 EL Kreuzkümmelsamen/1 TL Paprikapulver/1 EL Garam Masala (siehe Rezept S. 11)/200 g Crème fraîche/Saft von 1 Zitrone

Die Feuerbohnen über Nacht in einer Schüssel mit kaltem Wasser einweichen. Am nächsten Tag den Ingwer schälen und reiben. Die Bohnen abgießen, in einen Topf geben und großzügig mit kaltem Wasser bedecken. Die Hälfte des Ingwers dazugeben und 90 Minuten bei niedriger Temperatur köcheln lassen, dabei nach zwei Dritteln der Kochzeit salzen. Die Knoblauchzehen schälen und fein hacken. Das Öl in einer Pfanne erwärmen und die Kreuzkümmelsamen 3 Minuten rösten. Die Temperatur reduzieren, Knoblauch, den restlichen Ingwer, Paprikapulver und Garam Masala dazugeben. 2 Minuten bräunen, dann die Kochplatte ausschalten. Die Bohnen abgießen und mit etwas Kochwasser in einem Mixer oder mit einem Pürierstab pürieren. Crème fraîche, Zitronensaft und die Gewürz-Knoblauch-Mischung unterrühren. Das Püree im Wasserbad bis zum Servieren warmhalten.

ZUR TAJINE SERVIERT!

ZWIEBELKONFIT MIT HONIG

AUBERGINENKAVIAR MIT SARDELLEN

BOHNENSALAT MIT ZITRONE

HONIGGRIESS MIT ROSINEN

KICHERERBSENSALAT MIT
ROTEN ZWIEBELN

ZUR TAJINE SERVIERT!

ZWIEBELKONFIT MIT HONIG

Für 6 Personen/Vorbereitungszeit: 15 Min./Kochzeit: 1 Std. 6 mittelgroße oder 4 große Zwiebeln/ 50 g Butter/Salz, Pfeffer aus der Mühle/80 g flüssiger Honig/1 EL Ras el-Hanout/1 TL Kreuzkümmelpulver

Die Zwiebeln schälen und fein hacken. Die Butter in einer Pfanne zerlassen und die Zwiebeln dazugeben, salzen und pfeffern. Die Zwiebeln unter regelmäßigem Rühren bei mittlerer Temperatur dünsten, aber nicht bräunen. Honig und Gewürze dazugeben und die Zwiebeln sorgfältig überziehen. Mit Alufolie abdecken und 40—45 Minuten bei sehr niedriger Temperatur unter regelmäßigem Rühren köcheln lassen: Die Zwiebel dürfen weichgekocht und leicht karamellisiert sein.

BOHNENSALAT MIT ZITRONE

Für 6 Personen/Vorbereitungszeit: 30 Min./Kochzeit: 5 Min./Kühlzeit: 1 Std. 1 kg frische Saubohnen, enthülst /Salz/1 große rote Zwiebel/2 Knoblauchzehen/10 Minzeblätter/2 Zitronen/ 1 TL Kreuzkümmelpulver/Pfeffer aus der Mühle/80 ml Olivenöl

Die Bohnen 4—5 Minuten in einem großen Topf mit kochendem Salzwasser blanchieren. Abgießen und unter kaltem Wasser abschrecken. Die Haut von den Bohnen abziehen. Zwiebel und Knoblauch schälen und fein hacken. Die Minzeblätter schälen und hacken. Die Zitronen auspressen. Zitronensaft, Kreuzkümmelpulver, Salz und Pfeffer in einer Schüssel verrühren. Das Olivenöl mit dem Schneebesen einrühren. Bohnen, Zwiebel, Knoblauch und Minze dazugeben und alles vorsichtig vermischen. Den Salat mit Folie abdecken und vor dem Servieren 1 Stunde in den Kühlschrank stellen. Als Beilage zu einer Tajine reichen.

Wenn Sie Zeit sparen wollen, verwenden Sie bereits geschälte Tiefkühl-Bohnen.

AUBERGINENKAVIAR MIT SARDELLEN

Für 6 Personen/Vorbereitungszeit: 30 Min./Kochzeit: 1 Std./Kühlzeit: 2 Std. 4 große Auberginen/
6 Knoblauchzehen/6 in Öl eingelegte Sardellenfilets/2 Prisen gemahlener Koriander/2 Prisen Kreuzküm-
melpulver/100 ml Olivenöl/Salz, Pfeffer aus der Mühle

Den Backofen auf 160 °C vorheizen. Die Auberginen ganz und ungeschält in eine Auflaufform legen.
1 Stunde im Ofen garen. In der Zwischenzeit den Knoblauch schälen und fein hacken. Die Sardellen
zerdrücken und mit dem Knoblauch zu einem Püree verrühren. Die Auberginen aus dem Ofen nehmen,
abkühlen lassen, längs halbieren und mit einem Löffel aushöhlen. Das Fruchtfleisch auf einem Brett
zerhacken und in eine Schüssel geben. Das Sardellen-Knoblauch-Mus, Koriander, Kreuzkümmelpulver
und Olivenöl dazugeben und alles gut vermischen. Mit Salz und Pfeffer abschmecken. Den
Auberginenkaviar vor dem Servieren 2 Stunden kaltstellen.

Schneller geht es, wenn Sie das Auberginenfruchtfleisch mit den anderen Zutaten im Mixer pürieren.

HONIGGRIESS MIT ROSINEN

Für 6 Personen/Vorbereitungszeit: 10 Min./Kochzeit: 20 Min. 500 g Grieß/120 g helle Rosinen,
eingeweicht/100 ml Olivenöl/2 EL flüssiger Honig/10 Minzeblätter/Salz

Grieß, Rosinen, Olivenöl und Salz in einer Schüssel verrühren. In einem kleinen Topf Wasser aufkochen. Den
Honig in einem anderen Topf zerlassen, über den Grieß gießen und mit einer Gabel untermischen. Den Grieß mit
dem kochenden Wasser übergießen, bis er gerade bedeckt ist. Die Schüssel mit einem Tuch abdecken und die
Körner 15–20 Minuten aufgehen lassen. Den Grieß mit der Gabel zerpflücken, die Minze dazugeben, unterrühren
und mit Salz abschmecken. Zu einer Fleischtajine servieren.

KICHERERBSENSALAT MIT ROTEN ZWIEBELN

Für 6 Personen/Vorbereitungszeit: 15 Min./Keine Kochzeit/Kühlzeit: 1 Std. 600 g Kichererbsen
aus der Dose/2 rote Zwiebeln/1 kleiner Bund Koriander/50 ml Sherryessig/1 TL Kreuzkümmelpulver/
1 TL Harissa/Salz, Pfeffer aus der Mühle/100 ml Olivenöl

Die Kichererbsen in ein Sieb gießen und unter kaltem Wasser abspülen. Die roten Zwiebeln schälen und fein
hacken. Den Koriander waschen und zupfen. Essig, Kreuzkümmelpulver, Harissa, Salz und Pfeffer in einer
Schüssel verrühren. Das Olivenöl mit einem Schneebesen unterrühren. Kichererbsen, Zwiebeln und Koriander
dazugeben. Den Salat vor dem Servieren 1 Stunde kaltstellen.

CURRYS!

Rotes Thaicurry vom Huhn

VORBEREITUNGSZEIT: 30 Min.
MARINIERZEIT: 4 Std.
KOCHZEIT: 1 Std. 30 Min.

ZUTATEN

Für 6 Personen

- 2 Stängel Zitronengras
- 2 rote Chilis
- 50 g frischer Ingwer
- 3 große Hühnerkeulen und
  3 Hühnerbrüste mit Flügel, in
  Stücke geschnitten
- 2 rote Zwiebeln
- 4 Knoblauchzehen
- 50 ml Sonnenblumenöl
- 2 große EL rote Currypaste (siehe
  Rezept S. 10)
- 300 ml Kokosmilch
- Salz
- 1 kleiner Bund frischer Koriander

≫ Die äußeren Blätter vom Zitronengras entfernen und den weichen Teil des Stängels fein hacken. Die roten Chilis waschen und hacken.

≫ Den Ingwer schälen und in eine große Schüssel reiben. Zitronengras und Chilis dazugeben und alles gut vermischen.

≫ Das Hühnerfleisch in die Schüssel geben und in der Marinade wenden, bis alle Stücke gut überzogen sind. Mit Klarsichtfolie abdecken und 4 Stunden im Kühlschrank marinieren.

≫ Zwiebeln und Knoblauch schälen und fein hacken.

≫ Das Öl in einem Topf erhitzen und die marinierten Hühnerfleischstücke bei hoher Temperatur 5 Minuten von allen Seiten anbraten. Das Fleisch aus dem Topf heben und beiseitestellen.

≫ Zwiebeln und Knoblauch in den Topf geben und 5–7 Minuten bei mittlerer Temperatur dünsten. Das Fleisch wieder dazugeben und sorgfältig mit der Currypaste vermischen. Weitere 5 Minuten ziehen lassen. Die Kokosmilch zugießen und mit Wasser aufgießen, bis das Fleisch knapp bedeckt ist. Leicht salzen und aufkochen. Den Deckel auflegen und das Curry ca. 75 Minuten bei mittlerer Temperatur garen.

≫ Den Koriander waschen und zupfen. Kurz vor dem Servieren über das Curry streuen.

GRÜNES HÜHNERCURRY MIT KOKOS UND CASHEWNÜSSEN

VORBEREITUNGSZEIT: 30 Min.
KOCHZEIT: 30 Min.

ZUTATEN

Für 6 Personen

- 6 Hühnerbrustfilets
- 1 kleiner Bund frischer Koriander
- 2 Zwiebeln
- 50 ml Sonnenblumenöl
- 2 EL grüne Currypaste
  (siehe Rezept S. 10)
- 300 ml Kokosmilch
- Salz
- 100 g Cashewnüsse
- 60 g geriebene Kokosnuss

> Die Hühnerbrustfilets in feine Streifen schneiden.

> Den Koriander waschen und zupfen. Die Zwiebeln schälen und fein hacken.

> Das Öl in einer großen Pfanne erhitzen und die Hühnerstreifen bei hoher Temperatur 5 Minuten von allen Seiten goldbraun anbraten. Aus der Pfanne heben und beiseitestellen.

> Die Zwiebeln in die Pfanne geben und 8—10 Minuten unter häufigem Rühren dünsten. Die Currypaste dazugeben und weitere 5 Minuten ziehen lassen. Kokosmilch und 200 ml Wasser zugießen und salzen. Das Fleisch zurück in die Pfanne geben und mit der Hälfte des gehackten Korianders vermischen. Aufkochen und 20—25 Minuten bei mittlerer Temperatur köcheln lassen.

> In der Zwischenzeit die Cashewnüsse in einer zweiten Pfanne ohne Zugabe von Fett 5 Minuten rösten. Aus der Pfanne heben und beiseitestellen.

> Die geriebene Kokosnuss in die Pfanne geben und 3 Minuten Farbe annehmen lassen.

> 5 Minuten vor Ende der Kochzeit die Hälfte der Cashewnüsse und die Hälfte der geriebenen Kokosnuss sowie den restlichen Koriander zum Huhn geben. Alles gut vermischen und die Kochplatte ausschalten.

> Das Hühnercurry mit der restlichen geriebenen Kokosnuss und den restlichen Cashewnüssen bestreuen und heiß servieren.

Zu diesem Curry passt hervorragend ein Zimtmöhrengemüse.

SCHARFES HÜHNERCURRY MADRAS

VORBEREITUNSGZEIT: **20 Min.**
KOCHZEIT: **15 Min.**

ZUTATEN

Für 6 Personen

- 80 g getrocknete helle Rosinen
- 6 Hühnerbrustfilets
- 2 rote Zwiebeln
- 80 ml Sonnenblumenöl
- 6 grüne Mini-Chilis
- 2 EL Madras-Currypulver
- 2 EL gelbe Currypaste
  (siehe Rezept S. 10)
- Salz

≫ Die getrockneten Rosinen 10 Minuten in einer Tasse mit lauwarmem Wasser einweichen.

≫ Die Hühnerbrustfilets in mundgerechte Stücke schneiden.

≫ Die Zwiebeln schälen und hacken.

≫ Das Öl in einer Pfanne erhitzen, Mini-Chilis und Zwiebeln dazugeben und 3 Minuten bei hoher Temperatur dünsten. Aus der Pfanne heben und beiseitestellen.

≫ Das Fleisch in die Pfanne geben und bei hoher Temperatur 6–8 Minuten unter regelmäßigem Wenden braten. Currypulver, Currypaste und die abgetropften Rosinen dazugeben. Alles gut vermischen, mit Salz abschmecken und bei hoher Temperatur 5 Minuten schmoren.

≫ Zwiebeln und Mini-Chilis wieder in die Pfanne geben, unterrühren und weitere 3 Minuten schmoren. Das Curry sofort auf Basmatireis oder einem Pilaw servieren.

HUHNERCURRY MIT KARDAMOM

VORBEREITUNSGZEIT: 30 Min.
KOCHZEIT: 1 Std. 15 Min.

ZUTATEN

Für 6 Personen

- 2 kleine grüne milde Chilis
- 20 Kardamomkapseln
- 6 große Hühnerkeulen
- 50 ml Pflanzenöl
- 1 kleiner EL grüne Currypaste
  (siehe Rezept S. 10)
- 400 ml Hühnerbrühe
- Salz
- 4 Zweige Koriander

≫ Die Chilis waschen, halbieren und Samen entfernen. Die Kardamomkapseln mit einem Nudelholz grob zerkleinern. Die Hühnerkeulen halbieren und salzen.

≫ Die Kardamomkapseln in einem Topf ohne Zugabe von Fett 5 Minuten bei mittlerer Temperatur rösten. Öl und Hühnerfleischstücke dazugeben und von jeder Seite 5 Minuten goldbraun anbraten. Die Currypaste dazugeben und 2 Minuten ziehen lassen. Die Hühnerbrühe zugießen und die Chilis untermischen. Mit Salz abschmecken. Aufkochen, den Deckel auflegen und ca. 1 Stunde und 10 Minuten bei niedriger Temperatur köcheln lassen. 10 Minuten vor Ende der Kochzeit den Deckel abnehmen, damit die Sauce etwas einkochen kann.

≫ Den Koriander waschen und zupfen. Das Curry mit dem Koriander bestreuen und mit einem Pilaw servieren.

> Wenn Sie wenig Zeit haben, ersetzen Sie die Hühnerkeulen durch gewürfelte Hühnerbrustfilets und lassen Sie das Curry nur 15 Minuten köcheln.

CURRY VOM STUBENKÜKEN MIT SPINAT

VORBEREITUNSGZEIT: **45 Min.**
EINWEICHZEIT: **30 Min.**
KOCHZEIT: **45 Min.**

ZUTATEN

Für 6 Personen

- 30 g Tamarindenpaste (im Asia-laden)
- 1,2 kg frischer Spinat
- 3 Stubenküken
- 3 frische grüne Chilis
- 20 g frischer Ingwer
- 1 Zwiebel
- 3 Knoblauchzehen
- 100 ml Ketchup
- 1 EL Paprikapulver
- 1 EL Kreuzkümmelpulver
- 1 EL gemahlener Koriander
- 2 EL Sesamsamen
- 2 EL Mohnsamen
- 1 EL Fenchelsamen
- 50 ml Sonnenblumenöl
- 20 Curryblätter
- 25 g Butter
- Saft von 1 Zitrone
- Salz

≫ Die Tamarindenpaste 30 Minuten in 300 ml lauwarmem Wasser einweichen. Den Spinat waschen und die Stiele entfernen.

≫ Die Stubenküken mit einer Geflügelschere oder einem großen Küchenmesser in jeweils 8 Stücke teilen und die Karkassen aufbewahren.

≫ Die Chilis waschen, Samen entfernen und hacken. Ingwer, Zwiebel und Knoblauch schälen und ebenfalls hacken. Alles in eine kleine Schüssel geben und mit dem Ketchup vermischen.

≫ Die Tamarindenpaste mit dem Einweichwasser durch ein Sieb streichen und so viel Saft wie möglich herauspressen.

≫ Alle gemahlenen Gewürze und Samen in einem großen Topf ohne Zugabe von Fett 5 Minuten bei niedriger Temperatur rös-ten. Das Öl und die Stubenkükenteile dazugeben und 5 Minuten bei mittlerer Temperatur von allen Seiten bräunen. Die Chili-Ketchup-Mischung zusammen mit den Curryblättern dazugeben und 5 Minuten unter ständigem Rühren ziehen lassen. Den Saft der Tamarindenpaste zugießen, den Deckel auflegen und wei-tere 25—30 Minuten bei mittlerer Temperatur köcheln lassen.

≫ In der Zwischenzeit die Butter in einer großen Pfanne zerlas-sen. Spinat und Zitronensaft dazugeben, salzen und 5 Minuten bei hoher Temperatur unter häufigem Rühren garen. Den Spinat in ein Sieb geben und mit einem Holzlöffel ausdrücken.

≫ Den Spinat 5 Minuten vor Ende der Kochzeit unter die Stuben-küken mischen und das Curry heiß servieren.

ENTENCURRY MIT ÄPFELN

VORBEREITUNSGZEIT: **20 Min.**
KOCHZEIT: **25 Min.**

ZUTATEN

Für 6 Personen

- 3 Äpfel
- 3 Entenbrüste
- Salz
- 40 g Senfkörner
- 1 gehäufter EL Apfelgelee
- 2 EL gelbe Currypaste
  (siehe Rezept S. 10)
- 2 Zweige Koriander

≫ Die Äpfel waschen, das Kerngehäuse entfernen und grob würfeln.

≫ Die Entenbrüste vom Fett befreien, in jeweils 8 Stücke teilen und salzen. Das Fleisch in einer großen Pfanne ohne Fett bei hoher Temperatur von allen Seiten 2 Minuten anbraten. Das Fleisch aus der Pfanne heben und beiseitestellen.

≫ Ca. 4 Esslöffel Bratfett in der Pfanne belassen. Die Apfelstücke mit den Senfkörnern in die Pfanne geben und 10 Minuten unter regelmäßigem Rühren dünsten. Aus der Pfanne heben und zu den Entenstücken geben.

≫ Currypaste und Apfelgelee in der Pfanne 5 Minuten unter Rühren köcheln lassen. 150 ml Wasser zugießen, salzen und 6–8 Minuten einkochen.

≫ Die Apfelwürfel und Entenstücke wieder in die Pfanne geben und 5 Minuten bei hoher Temperatur schmoren.

≫ Das Entencurry auf Teller verteilen, mit Koriander bestreuen und sofort servieren.

RINDFLEISCHCURRY MIT ERBSEN

VORBEREITUNGSZEIT: **20 Min.**
KOCHZEIT: **45 Min.**

ZUTATEN

Für 6 Personen

- 1 große Zwiebel
- 50 ml Sonnenblumenöl
- 4 Gewürznelken
- 1 Zimtstange
- 6 Kardamomkapseln
- 1 EL Paprikapulver
- 1 gehäufter TL Kurkuma
- 2 Tomaten, entkernt und geviertelt
- 1,2 kg Hackfleisch vom Rind
- 500 g Okraschoten
- 600 g Erbsen, enthülst
- 2 Zweige Koriander, gehackt
- Salz

≫ Die Zwiebel schälen und hacken. Das Öl in einer Pfanne erhitzen und die Zwiebel bei mittlerer Temperatur 5 Minuten dünsten. Gewürznelken, Zimtstange, Kardamomkapseln, Paprikapulver und Kurkuma zufügen. 3 Minuten unter ständigem Rühren rösten. Tomatenviertel und Hackfleisch dazugeben und salzen. Bei hoher Temperatur 5 Minuten unter Rühren braten. 300 ml Wasser zugießen, aufkochen und 30 Minuten bei mittlerer Temperatur köcheln lassen.

≫ In der Zwischenzeit die Okraschoten in einem Topf mit kochendem Salzwasser 10 Minuten garen, die Erbsen dazugeben und weitere 3–4 Minuten kochen. Das Gemüse abgießen und unter kaltem Wasser abschrecken.

≫ Erbsen und Okraschoten nach 30 Minuten unter das Hackfleisch mischen und weitere 10–15 Minuten bei niedriger Temperatur köcheln lassen. Gewürznelken, Zimtstange und Kardamomkapseln entfernen. Das Curry mit Koriander bestreuen und sofort servieren.

SCHWARZES RINDFLEISCHCURRY MIT ZWIEBELN

VORBEREITUNSGZEIT: 30 Min.
KOCHZEIT: 2 Std. 30 Min.

ZUTATEN

Für 6 Personen

- 3 große Zwiebeln
- 50 ml Sonnenblumenöl
- 1,5 kg Beinscheibe vom Rind, in Würfel geschnitten
- 2 EL schwarze Currypaste (siehe Rezept S. 11)
- Salz
- 2 Zweige frischer Koriander

» Die Zwiebeln schälen und grob hacken.

» Das Öl in einem Schmortopf erhitzen und die Fleischstücke bei hoher Temperatur 5 Minuten von jeder Seiten anbraten. Aus dem Topf heben und beiseitestellen.

» Die gehackten Zwiebeln in den Topf geben und unter Rühren bei hoher Temperatur 5 Minuten dünsten, bis sie leicht Farbe angenommen haben. Das Fleisch wieder dazugeben und die schwarze Currypaste untermischen. Kaltes Wasser zugießen, bis das Fleisch knapp bedeckt ist, und salzen. Den Deckel auflegen und bei hoher Temperatur ca. 2 Stunden 30 Minuten köcheln lassen, bis das Fleisch zart ist.

» Den Koriander entstielen und hacken.

» Das Curry kurz vor dem Servieren mit dem gehackten Koriander bestreuen. Dazu passt ein Mango- oder Apfelchutney (siehe Rezepte S. 18). Achtung! Sehr scharf!

Wenn es schneller gehen soll, ersetzen Sie die Beinscheiben durch Rumpsteak: 45 Minuten Kochzeit genügen, das Fleisch ist dann allerdings weniger zart.

SCHWEINECURRY MIT KNOBLAUCH

VORBEREITUNGSGZEIT: 45 Min.
KOCHZEIT: 1 Std. 30 Min.

ZUTATEN

Für 6 Personen

- 1 kleine Zwiebel
- 10 Knoblauchzehen
- 30 g frischer Ingwer
- 1 Zimtstange
- 4 Gewürznelken
- 2 EL Koriandersamen
- 3 EL Senfkörner
- 1 EL Paprikapulver
- 3 kleine grüne Chilis
- 50 ml Sonnenblumenöl
- 1,5 kg Vorderrippenstück vom
  Schwein, in Würfel geschnitten
- Salz

≫ Zwiebel, Knoblauch und Ingwer schälen und grob hacken.

≫ Zimtstange, Gewürznelken, Koriandersamen und Senfkörner in einer Pfanne ohne Zugabe von Fett 3 Minuten bei hoher Temperatur anrösten. In einen Mixer geben und zu einem groben Pulver zermahlen. Paprikapulver, Ingwer, Zwiebel und Knoblauch zufügen und zu einer sämigen Paste mixen.

≫ Die Chilis waschen, Samen entfernen und hacken.

≫ Das Öl in einem Topf erhitzen und das Fleisch bei hoher Temperatur 5 Minuten von allen Seiten anbraten. Die Gewürzpaste untermischen, salzen und weitere 3 Minuten braten. Ca. 400 ml Wasser zugießen und den Deckel auflegen. 80–90 Minuten bei niedriger Temperatur schmoren, dabei von Zeit zu Zeit umrühren (falls notwendig, etwas Wasser zufügen).

≫ Die gehackten Chilis untermischen und weitere 10 Minuten schmoren. Das Curry heiß servieren.

Schweinecurry mit Joghurt

VORBEREITUNGSZEIT: 30 Min.
KOCHZEIT: 1 Std. 45 Min.

ZUTATEN

Für 6 Personen

- 1 Zimtstange
- 1 EL getrocknete Kaffir-Limettenblätter (im Asialaden)
- 10 Kardamomkapseln
- 1 TL Currypulver
- 1 TL Kurkuma
- 1 EL Paprikapulver
- 2 Zwiebeln
- 50 ml Sonnenblumenöl
- 1,5 kg Vorderrippenstück vom
  Schwein, in Würfel geschnitten
- Salz
- 3 Natur- oder griechischer Joghurt
- 50 ml Limettensaft

≫ Zimtstange, getrocknete Kaffir-Limettenblätter und Kardamomkapseln in einem Mörser zerstoßen. Diese Gewürzmischung
in einer heißen Pfanne ohne Zugabe von Fett 3 Minuten rösten.
Currypulver, Kurkuma und Paprikapulver untermischen, von der
Kochplatte nehmen und abkühlen lassen.

≫ Die Zwiebeln schälen und hacken.

≫ Das Öl in einem Topf erhitzen, die Zwiebeln dazugeben und
5 Minuten bei mittlerer Temperatur dünsten. Aus dem Topf
heben und beiseitestellen.

≫ Das Fleisch in den Topf geben und bei hoher Temperatur
5 Minuten von jeder Seite anbraten. Salzen und die Gewürzmischung dazugeben. Unter Rühren so lange braten, bis die
Fleischstücke vollständig mit den Gewürzen überzogen sind. Die
Zwiebeln wieder dazugeben und untermischen.

≫ Joghurt und Limettensaft in einer kleinen Schüssel verrühren
und unter das Fleisch mischen. Kaltes Wasser zugießen, bis das
Fleisch knapp bedeckt ist, und aufkochen lassen. Den Deckel
auflegen und 90–100 Minuten bei niedriger Temperatur schmoren, dabei gelegentlich umrühren (falls nötig, etwas Wasser
zufügen). Das Fleisch ist gar, wenn es sich sehr leicht zerpflücken lässt.

≫ Das Curry heiß servieren und eine Tomaten- oder Gurkenraita
(siehe Rezepte S. 22), Reis und indisches Brot dazu reichen.

LAMMKORMA

VORBEREITUNSGZEIT: **30 Min.**
MARINIERZEIT: **1 Nacht**
KOCHZEIT: **1 Std. 45 Min.**

ZUTATEN

Für 6 Personen

- 6 getrocknete Aprikosen
- 30 g frischer Ingwer
- 1 EL geriebene Kokosnuss
- 1 EL gemahlene Mandeln
- 1 Zimtstange, ca. 7 cm
- 5 Gewürznelken
- 2 EL Mohnsamen
- 8 Kardamomkapseln
- 2 EL Paprikapulver
- 1 TL Kreuzkümmelpulver
- ½ TL Kurkuma
- 2 Prisen Safranfäden
- Salz
- 3 Natur- oder griechischer Joghurt
- 1,5 kg Lammschulter, in Würfel geschnitten
- 2 Zwiebeln
- 50 ml Sonnenblumenöl
- 3 Zweige frischer Koriander

> Am Vortag den Ingwer schälen und hacken. Die getrockneten Aprikosen in kleine Stücke schneiden. Mit Ingwer, geriebener Kokosnuss, gemahlenen Mandeln und 50–80 ml Wasser in einen Mixer geben und zu einer sämigen Paste verarbeiten.

> Zimtstange, Gewürznelken, Mohnsamen und Kardamomkapseln im Mörser zu einem groben Pulver zerstoßen. Paprikapulver, Kreuzkümmelpulver, Kurkuma und Safranfäden dazugeben und salzen.

> Aprikosen-Ingwer-Paste, Gewürzpulver und Joghurt in einer großen Schüssel verrühren. Das Fleisch dazugeben und sorgfältig mit der Mischung vermengen. Mit Folie abdecken und über Nacht im Kühlschrank marinieren.

> Am nächsten Tag den Backofen auf 170 °C vorheizen.

> Die Zwiebeln schälen, hacken und in einem großen Schmortopf mit etwas Öl 6–8 Minuten dünsten. Das Fleisch mit der Marinade dazugeben und 8–10 Minuten bei hoher Temperatur unter Rühren anbraten. 250 ml Wasser zugießen und noch einmal sorgfältig umrühren.

> Den Deckel auflegen und den Topf in den Ofen schieben. Ca. 90 Minuten schmoren, dabei nach der Hälfte der Zeit einmal vorsichtig umrühren.

> Den Topf aus dem Ofen nehmen. Den Koriander hacken und unter das Fleisch mischen. Servieren Sie das Korma mit Reis.

GELBES LAMMBÄLLCHENCURRY MIT APRIKOSEN

VORBEREITUNGSZEIT: 40 Min.
KOCHZEIT: 1 Std.

ZUTATEN

Für 6 Personen

- 100 g Pinienkerne
- 1 kg Lammhackfleisch
- 80 g helle Rosinen
- 1 Bund Koriander, entstielt und gehackt
- 4 Knoblauchzehen, geschält und gehackt
- 2 Tomaten
- 2 Zwiebeln
- 80 ml Sonnenblumenöl
- 2 EL gelbe Currypaste (siehe Rezept S. 10)
- Salz, Pfeffer aus der Mühle
- 12 getrocknete Aprikosen, eingeweicht

≫ Die Pinienkerne in einer Pfanne ohne Fett rösten und auf Küchenpapier auslegen. Abkühlen lassen und grob hacken.

≫ Das Hackfleisch in einer Schüssel mit Pinienkernen, Rosinen, Koriander und Knoblauch vermengen. Salzen und pfeffern. Die Masse sorgfältig kneten, nussgroße Fleischbällchen daraus formen und mit den Händen fest zusammendrücken. Die Bällchen auf einen Teller legen und im Kühlschrank aufbewahren.

≫ Die Tomaten entstielen und 20 Sekunden in einem Topf mit kochendem Wasser blanchieren. Abgießen und unter kaltem Wasser abschrecken. Die Haut abziehen, die Kerne entfernen und das Fruchtfleisch grob hacken.

≫ Die Zwiebeln schälen und hacken. Die Hälfte des Öls in einem Schmortopf erhitzen und die Zwiebeln 10 Minuten bei niedriger Temperatur dünsten. Die Currypaste dazugeben und salzen. 3 Minuten unter ständigem Rühren ziehen lassen. Die gehackten Tomaten dazugeben und mit 400 ml Wasser übergießen. 20 Minuten bei niedriger Temperatur köcheln lassen.

≫ In der Zwischenzeit die getrockneten Aprikosen in Stücke schneiden. Das restliche Öl in einer Pfanne erhitzen und die Fleischbällchen bei hoher Temperatur 3 Minuten von allen Seiten anbraten.

≫ Die Fleischbällchen nach 20 Minuten zu der Tomatensauce geben und die Aprikosenstücke gleichmäßig darum verteilen.

≫ Den Deckel auflegen, die Temperatur reduzieren und das Curry weitere 30 Minuten köcheln lassen, dabei nach der Hälfte der Kochzeit die Fleischbällchen einmal wenden. Das Curry heiß servieren.

LAMMBIRYANI

VORBEREITUNGSZEIT: **45 Min.**
MARINIERZEIT: **4 Std.**
KOCHZEIT: **2 Std. 30 Min.**

ZUTATEN

Für 6 Personen

- 2 Zwiebeln
- 50 ml Sonnenblumenöl
- 3 Zweige frischer Koriander
- 12 Minzeblätter
- 40 g frischer Ingwer
- 3 Knoblauchzehen
- 1 Zimtstange
- 10 Kardamomkapseln
- 8 Gewürznelken
- 3 Natur- oder griechischer Joghurt
- 1 gestrichener EL Paprikapulver
- 50 ml Zitronensaft
- Salz
- 1,5 kg Lammschulter,
  in Würfel geschnitten
- 3 Prisen Safranfäden
- 500 g Basmati- oder Thaireis

≫ Die Zwiebeln schälen und hacken. 1 Esslöffel Öl in einer Pfanne erhitzen und die Zwiebeln bei mittlerer Temperatur 5 Minuten dünsten. Auf Küchenpapier abtropfen und leicht abkühlen lassen.

≫ Koriander und Minze waschen und zupfen. Ingwer und Knoblauch schälen, grob hacken und in einen Mixer geben. Die Zwiebeln dazugeben und alles fein pürieren.

≫ Zimtstange, Kardamomkapseln und Gewürznelken in einem Mörser zu einem groben Pulver zerstoßen. Die Gewürzmischung mit dem Zwiebel-Ingwer-Püree in eine große Schüssel geben und mit Joghurt, Paprikapulver, der Hälfte der gehackten Kräuter, Zitronensaft und Salz vermischen. Die Fleischwürfel dazugeben und in der Marinade wälzen. Mit Folie abdecken und mindestens 4 Stunden im Kühlschrank marinieren.

≫ Die Safranfäden in 250 ml lauwarmem Wasser auflösen.

≫ Das restliche Öl in einem Topf erhitzen und das marinierte Fleisch bei hoher Temperatur von allen Seiten 5 Minuten anbraten. Die restliche Marinade und das Safranwasser zugießen und salzen. Den Deckel auflegen und ca. 1 Stunde 15 Minuten bei niedriger Temperatur köcheln lassen (falls nötig, noch etwas Wasser dazugeben).

≫ In der Zwischenzeit den Reis in einem Sieb unter kaltem Wasser auswaschen. 4–5 Minuten in einem Topf mit kochendem Salzwasser garen und abgießen. Nicht abschrecken.

≫ Die Hälfte des Reises auf dem Boden eines flachen Topfes glatt ausstreichen. Das Fleisch mit der Sauce darauf verteilen und mit dem restlichen Reis bedecken. Ein sauberes Küchentuch über den Topf spannen und den Deckel aufdrücken, damit das Biryani ganz abgeschlossen ist. Bei sehr niedriger Temperatur 20–25 Minuten ziehen lassen. Kurz vor dem Servieren abdecken und mit den restlichen Kräutern bestreuen.

Garnelenbalchao

VORBEREITUNSGZEIT: **30 Min.**
KOCHZEIT: **30 Min.**

ZUTATEN

Für 6 Personen

- 1 Zimtstange
- 8 Gewürznelken
- 10 Kardamomkapseln
- 1 EL Kreuzkümmelsamen
- 1 EL Pfefferkörner
- 30 g frischer Ingwer
- 4 Knoblauchzehen
- 80 ml Sherryessig
- 1 großer EL Paprikapulver
- 1 kleine Zwiebel
- 2 Tomaten
- 36 große rohe Garnelen
- 50 ml Sonnenblumenöl
- 1 Handvoll Curryblätter
  (im Asialaden)
- Salz

» Zimtstange, Gewürznelken, Kardamomkapseln, Kreuzkümmelsamen und Pfefferkörner in einem Mörser zu einem groben Pulver zerstoßen.

» Ingwer und Knoblauch schälen, mit Essig und Paprikapulver in einen Mixer geben und zu einer sämigen Paste pürieren. Das Gewürzpulver dazugeben und alles gut vermischen.

» Die Zwiebel schälen und hacken. Die Tomaten waschen und entkernen, das Fruchtfleisch fein würfeln.

» Die Köpfe der Garnelen vorsichtig abdrehen, den Schwanz mit der Schale belassen.

» Das Öl in einer Pfanne erhitzen und die Zwiebel bei mittlerer Temperatur 5 Minuten dünsten. Die Garnelen dazugeben und von beiden Seiten 2 Minuten braten. Die Gewürzpaste und die gewürfelten Tomaten dazugeben. Alles gut vermengen und 3 weitere Minuten ziehen lassen. Curryblätter, Salz und 100—150 ml Wasser dazugeben. Weitere 6—8 Minuten bei mittlerer Temperatur köcheln lassen.

» Reichen Sie Reis und eine Tomaten- oder Gurkenraita (siehe Rezepte S. 22) zu dem Garnelenbalchao.

KABELJAUCURRY BENGALEN

VORBEREITUNSGZEIT: 40 Min.
KOCHZEIT: 30 Min.

ZUTATEN

Für 6 Personen

- 1 EL Paprikapulver
- 1 TL Kurkuma
- Salz
- 1,2 kg Kabeljaufilet
- 8 Gewürznelken
- 1 Zimtstange, ca. 4 cm
- 1 EL Kreuzkümmelsamen
- 10 Kardamomkapseln
- 2 Tomaten
- 1 Zwiebel
- 4 Knoblauchzehen
- 50 ml Sonnenblumenöl
- 1 Natur- oder griechischer Joghurt
- 1 kleiner Bund frischer Koriander

≫ Paprikapulver, Kurkuma und Salz in einer kleinen Schüssel vermischen.

≫ Die Fischfilets in große Stücke schneiden und auf einem Teller auslegen. Mit der Gewürzmischung bestreuen und kaltstellen.

≫ Gewürznelken, die zerstoßene Zimtstange, Kreuzkümmel-samen und Kardamomkapseln in einer Pfanne ohne Zugabe von Fett 5 Minuten bei mittlerer Temperatur rösten. In einem Mörser zu einem groben Pulver zerstoßen.

≫ Die Tomaten über Kreuz einschneiden und in einem Topf mit kochendem Wasser 20 Sekunden blanchieren, abgießen und unter kaltem Wasser abschrecken. Die Haut abziehen und die Kerne entfernen. Das Fruchtfleisch fein würfeln.

≫ Zwiebeln und Knoblauch schälen und hacken. Das Öl in einer Pfanne erhitzen und Zwiebeln und Knoblauch 5 Minuten bei mittlerer Temperatur dünsten. Das Gewürzpulver dazugeben und 5 Minuten bei mittlerer Temperatur unter Rühren ziehen lassen. Tomatenwürfel, Joghurt, die Hälfte des Korianders und 200 ml Wasser dazugeben. Alles gut vermengen und 15 Minuten bei niedriger Temperatur köcheln lassen.

≫ Die Fischstücke dazugeben und die Pfanne mit Alufolie abdecken. Weitere 10 Minuten köcheln lassen. Gegen Ende der Kochzeit den restlichen Koriander dazugeben und die Fischstü-cke vorsichtig in der Sauce wenden. Servieren Sie dazu indische Bohnen und Basmatireis.

SEETEUFELCURRY MIT TAMARINDE

VORBEREITUNSGZEIT: 30 Min.
KOCHZEIT: 20 Min.

ZUTATEN

Für 6 Personen

- 500 g Kovakka (indische Gürkchen, nach Belieben)
- Salz
- 30 g frischer Ingwer
- 4 Knoblauchzehen
- 1 Zwiebel
- 6 kleine grüne Chilis
- 2 Tomaten
- 40 g Tamarindenpaste (im Asialaden)
- 3 EL Korianderpulver
- 1 EL Paprikapulver
- 1 TL Kurkuma
- 1 EL Kreuzkümmelpulver
- 50 ml Sonnenblumenöl
- 250 ml Kokosmilch
- 1 kg Seeteufelfilet, in große Stücke geschnitten

> Die Kovakka waschen und 10 Minuten in einem Topf mit kochendem Salzwasser garen. Abgießen und unter kaltem Wasser abschrecken.

> Ingwer, Knoblauch und Zwiebel schälen und hacken. Samen der Chilis entfernen und fein hacken. Die Tomaten waschen, halbieren, entkernen und grob hacken.

> Tamarindenpaste, Ingwer, Knoblauch, Korianderpulver, Paprikapulver, Kurkuma und Kreuzkümmelpulver mit 100–150 ml kaltem Wasser in einem Mixer zu einer sämigen Paste pürieren.

> Das Öl in einer Pfanne erhitzen und die gehackte Zwiebel bei mittlerer Temperatur 5 Minuten dünsten. Die Tomaten und die Tamarinden-Gewürz-Paste dazugeben und 5 Minuten bei mittlerer Temperatur unter Rühren ziehen lassen. Die Kokosmilch und 200 ml Wasser zugießen. Alles aufkochen, die Temperatur reduzieren und 10 Minuten köcheln lassen.

> Seeteufelstücke, gehackte Chilis und die Kovakkas (ganz oder halbiert) dazugeben. Die Pfanne mit Alufolie abdecken und 10 Minuten bei mittlerer Temperatur köcheln lassen. Das Curry heiß servieren.

Sie können die Kovakka durch Zucchini oder Auberginen ersetzen.

TIKKA MASALA VON DER DORADE

VORBEREITUNSGZEIT: 30 Min.
MARINIERZEIT: 2 Std.
KOCHZEIT: 20 Min.

ZUTATEN

Für 6 Personen

- 6 kleine Doraden,
  küchenfertig
- 30 g frischer Ingwer
- 1 weiße Zwiebel
- 3 Knoblauchzehen
- 1 kleiner Bund frischer Koriander
- Saft von 2 Zitronen
- Salz
- 1 EL Garam Masala
  (siehe Rezept S. 11)
- 1 TL Kurkuma
- 1 EL rote Currypaste
  (siehe Rezept S. 10)
- 2 EL Sonnenblumenöl
- 200 g Joghurt
- 2 rote Zwiebeln
- 3 EL Olivenöl

≫ Die Doraden in breite Streifen schneiden, unter kaltem Wasser abspülen und trockentupfen.

≫ Den Ingwer schälen und reiben. Weiße Zwiebel und Knoblauch schälen und sehr fein hacken. Den Koriander waschen und zupfen.

≫ Den Zitronensaft in einer Schüssel mit Salz und allen anderen Gewürzen verrühren. Die gehackte Zwiebel, Knoblauch, Ingwer und Sonnenblumenöl dazugeben und alles kräftig durchrühren. Den Joghurt und ein Drittel des Korianders dazugeben und untermischen. Die Fischstücke in die Marinade geben und vorsichtig darin wenden, bis sie vollständig von der Marinade überzogen sind. Mit Folie abdecken und mindestens 2 Stunden im Kühlschrank marinieren.

≫ Den Grill des Backofens vorheizen.

≫ Die Fischstücke aus der Marinade heben und auf einem mit Backpapier ausgelegten Backblech verteilen. Den Fisch auf mittlerer Schiene in den Ofen schieben und je nach Größe der Stücke 15—20 Minuten garen.

≫ In der Zwischenzeit die roten Zwiebeln schälen und in dünne Ringe schneiden. Mit dem restlichen Koriander, Salz und Olivenöl in einer kleinen Schüssel vermischen.

≫ Die Doradenstücke aus dem Ofen nehmen, auf einem Serviertteller verteilen und mit den Zwiebelringen garnieren. Sofort servieren.

GRÜNES LACHSCURRY MIT KOKOSMILCH

VORBEREITUNSGZEIT: **20 Min.**

KOCHZEIT: **20 Min.**

ZUTATEN

Für 6 Personen

- 1 kg Lachsfilet ohne Haut und Gräten
- 1 große Zwiebel
- 50 ml Olivenöl
- 2 EL grüne Currypaste (siehe Rezept S. 10)
- 300 ml Kokosmilch
- 250 ml Fischfond
- 3 Zweige frischer Koriander
- Salz

> Den Lachs in ca. 1,5 cm große Würfel schneiden.

> Die Zwiebel schälen und sehr fein hacken. Die Hälfte des Öls in einem Topf erhitzen und die gehackte Zwiebel 6–8 Minuten bei niedriger Temperatur dünsten. Die Currypaste dazugeben und unter ständigem Rühren 2 Minuten ziehen lassen. Kokosmilch und Fischfond zugießen und salzen. Die Sauce ca. 15 Minuten einkochen, bis sie sämig ist.

> In der Zwischenzeit das restliche Olivenöl in einer Pfanne erhitzen und die Lachsstücke von jeder Seite 20 Sekunden anbraten. Auf Küchenpapier heben und abtropfen lassen.

> Den Koriander entstielen und fein hacken. Die eingekochte Sauce mit Salz abschmecken und die Lachsstücke dazugeben. 3–4 Minuten köcheln lassen. Den gehackten Koriander zufügen und vorsichtig unterheben.

> Das Lachscurry auf einzelne Teller verteilen und mit Tomaten- oder Gurkenraita und etwas Petersilie oder Koriander servieren.

GELBES FISCHCURRY MIT KOKOSMILCH

VORBEREITUNSGZEIT: **30 Min.**
KOCHZEIT: **40 Min.**

ZUTATEN

Für 6 Personen

- 6 kleine Peterfische oder Schollen, ohne Haut und küchenfertig
- 100 ml Olivenöl
- Salz
- 1 EL Kurkuma
- 2 Zwiebeln
- 2 EL gelbe Currypaste (siehe Rezept S. 10)
- 250 ml Kokosmilch
- 200 ml Krustentierfond (frisch oder aus dem Glas bei Ihrem Fischhändler)

》 Jeden Fisch in 3 kleine Stücke schneiden und diese in einem tiefen Teller auslegen. Mit der Hälfte des Olivenöls besprenkeln, salzen und mit Kurkuma bestreuen. Die Fischstücke mit den Händen vorsichtig in der Mischung wälzen, bis sie vollständig überzogen sind. Kaltstellen.

》 Die Zwiebeln schälen und hacken. Das restliche Öl in einem großen Schmortopf erhitzen und die Zwiebeln 10 Minuten bei mittlerer Temperatur dünsten. Die gelbe Currypaste dazugeben und 5 Minuten unter Rühren ziehen lassen. Kokosmilch und Krustentierfond zugießen, salzen und 20 Minuten bei mittlerer Temperatur köcheln lassen, bis die Sauce leicht eingedickt ist.

》 In der Zwischenzeit die Fischstücke in einer Pfanne bei hoher Temperatur von jeder Seite 1 Minute anbraten.

》 Die Fischstücke in die Sauce geben und weitere 10 Minuten bei mittlerer Temperatur köcheln lassen. Das Curry sofort servieren und Reis sowie ein Linsendhal oder Joghurt dazu reichen.

GAMBAS-TANDOORI AUF SALAT

VORBEREITUNGSGZEIT: **30 Min.**
MARINIERZEIT: **4 Std.**
KOCHZEIT: **15 Min.**

ZUTATEN

Für 6 Personen

- 30 g frischer Ingwer
- 3 Knoblauchzehen
- 50 ml Zitronensaft
- 1 TL Paprikapulver
- 2 Prisen Kurkuma
- 2 Prisen Kreuzkümmelpulver
- 2 EL Tandoorigewürz
- 200 g Natur- oder griechischer Joghurt
- 80 ml Sonnenblumenöl
- Salz
- 18 große Gambas, frisch oder tiefgefroren
- 3 Tomaten
- 250 g Sesam- oder Spinatsprossen
- 1 Glas rote Minizwiebeln oder kleine indische Zwiebeln
- 3 EL Sherryessig

≫ Ingwer und Knoblauch schälen, hacken und in einen Mixer geben. Zitronensaft, Paprikapulver, Kurkuma, Kreuzkümmelpulver und Tandoorigewürz dazugeben und mixen. Die Mischung in eine Schüssel füllen und mit Joghurt, der Hälfte des Sonnenblumenöls und Salz verrühren.

≫ Die Gambas vorsichtig schälen, dabei Schwanz und Kopf belassen. Die Gambas in die Schüssel geben und vorsichtig in der Marinade wenden, bis sie vollständig überzogen sind. In eine Auflaufform legen, mit Alufolie bedecken und 4 Stunden im Kühlschrank marinieren.

≫ In der Zwischenzeit die Tomaten waschen und vierteln, die Kerne entfernen und das Fruchtfleisch hacken.

≫ Die harten Stiele der Sprossen entfernen und die Sprossen waschen und zupfen. Die roten Zwiebeln abgießen und hacken.

≫ Den Backofen auf 200 °C vorheizen.

≫ Die Gambas aus dem Kühlschrank nehmen und 15 Minuten bei Zimmertemperatur ruhen lassen.

≫ Sprossenblätter, Tomaten und Zwiebeln in einer Schüssel vermischen. Mit dem restlichen Öl, Essig und Salz anrichten.

≫ Die Gambas in den Ofen geben und 15 Minuten grillen. Sofort servieren.

ROTES SEETEUFELCURRY MIT KIRSCHTOMATEN

VORBEREITUNSGZEIT: 20 Min.
KOCHZEIT: 45 Min.

ZUTATEN

Für 6 Personen

- 1,2 kg Seeteufelfilet
- Salz
- 1 TL Kurkuma
- 1 TL Paprikapulver edelsüß
- 3 Zweige frischer Koriander
- 2 rote Zwiebeln
- 30 g frischer Ingwer
- 50 ml Olivenöl
- 2 EL rote Currypaste
  (siehe Rezept S. 10)
- 250 ml Kokosmilch
- 250 ml Fischfond
- 30 Kirschtomaten

> Die Fischfilets in Stücke von ca. 50 g schneiden und auf einem großen Teller auslegen. Mit Salz, Kurkuma und Paprikapulver bestreuen. Die Fischstücke mit den Händen in den Gewürzen wenden, bis sie vollständig überzogen sind und kaltstellen.

> Den Koriander entstielen und hacken.

> Zwiebeln und Ingwer schälen und hacken. Das Olivenöl in einem Schmortopf erhitzen und Zwiebeln und Ingwer 10 Minuten bei mittlerer Temperatur dünsten. Die Currypaste dazugeben und weitere 5 Minuten unter ständigem Rühren ziehen lassen. Kokosmilch und Fischfond zugießen. Aufkochen und 20 Minuten bei mittlerer Temperatur köcheln lassen, bis die Sauce leicht eingedickt ist.

> Die Kirschtomaten in die Sauce geben und 5 Minuten mitköcheln lassen. Die marinierten Fischstücke dazugeben und vorsichtig in der Sauce wenden. Mit Alufolie abdecken und 10 Minuten bei mittlerer Temperatur garen.

> Die Alufolie entfernen und das Curry mit Koriander bestreuen. Einen Sprossensalat mit einer milden Vinaigrette dazu reichen.

Vindaloo von Garnelen

VORBEREITUNSGZEIT: 30 Min.
KOCHZEIT: 30 Min.

ZUTATEN

Für 6 Personen

- 6 Tomaten
- 10 Kardamomkapseln
- 8 Gewürznelken
- 1 EL gemahlener Ingwer
- 1 EL Paprikapulver
- 2 EL Senfkörner
- 1 TL Zimtpulver
- 1 TL Kurkuma
- 1 TL schwarze Pfefferkörner
- Salz
- 100 ml Sherryessig
- 1 Zwiebel
- 6 Knoblauchzehen
- 50 ml Sonnenblumenöl
- 24 große rohe Garnelen

≫ Die Tomaten über Kreuz einschneiden und 20 Sekunden in einem Topf mit kochendem Salzwasser blanchieren. Abgießen und unter kaltem Wasser abschrecken. Die Haut abziehen, die Kerne entfernen und das Fruchtfleisch grob hacken.

≫ Alle Gewürze mit einer Prise Salz in einen Mixer geben und zu einem groben Pulver zermahlen oder in einem Mörser zerstoßen. Den Essig zugießen und alles zu einer sämigen Paste verrühren.

≫ Zwiebel und Knoblauch schälen und hacken. Das Öl in einer Pfanne erhitzen. Zwiebel und Knoblauch 5 Minuten bei mittlerer Temperatur dünsten. Die Garnelen dazugeben und bei hoher Temperatur 2 Minuten von jeder Seite braten. Die Gewürzpaste zufügen, die Gambas darin wenden und weitere 5 Minuten braten. Die gehackten Tomaten untermischen, mit 200 ml Wasser übergießen und noch einmal 8–10 Minuten bei hoher Temperatur unter gelegentlichem Rühren köcheln lassen, dabei die Tomaten leicht zerdrücken.

≫ Sofort servieren. Achtung! Sehr scharf!

> Das Vindaloo wird weniger scharf, wenn Sie nur halb so viel Paprikapulver dazugeben und 200 ml Kokosmilch zu den Garnelen zugießen.

HUMMERCURRY MIT MANGO UND KOKOSMILCH

VORBEREITUNSGZEIT: **45 Min.**
KOCHZEIT: **30 Min.**

ZUTATEN

Für 6 Personen

- 3 Hummer von ca. 600 g
- Salz
- 1 große Mango, noch etwas fest
- 25 g Butter
- 1 EL flüssiger Honig
- 2 EL Senfkörner
- 1 Zwiebel
- 2 Tomaten
- 50 ml Olivenöl
- 1 gehäufter EL gelbe Currypaste (siehe Rezept S. 10)
- 1 EL Currypulver
- 250 ml Kokosmilch
- 250 ml Fischfond

≫ Die Hummer in einem großen Topf mit kochendem Salzwasser 3 Minuten überbrühen. Abgießen, unter kaltem Wasser abschrecken und 10 Minuten in die Tiefkühltruhe legen. Mit einem scharfen Messer in Stücke schneiden und die Schalen der Scheren aufbrechen.

≫ Die Mango schälen und würfeln. Die Butter in einer Pfanne zerlassen und die Mangowürfel 5 Minuten dünsten. Honig und Senfkörner dazugeben und 2 Minuten bei hoher Temperatur karamellisieren.

≫ Die Zwiebel schälen und sehr fein hacken. Die Tomaten waschen und vierteln, die Kerne entfernen und das Fruchtfleisch fein würfeln.

≫ Das Olivenöl in einer Pfanne erhitzen und die gehackte Zwiebel bei mittlerer Temperatur 5 Minuten dünsten. Currypaste, Currypulver und Tomatenwürfel dazugeben. Alles gut verrühren und 5 Minuten dünsten. Kokosmilch und Fischfond zugießen, mit Salz abschmecken und weitere 5 Minuten bei mittlerer Temperatur zu einer sämigen Sauce einkochen.

≫ Die Hummerscheren in die Pfanne geben und 10 Minuten köcheln lassen. Die Schwanzstücke dazugeben und weitere 6–8 Minuten weiter kochen.

≫ Die karamellisierten Mangowürfel dazugeben, die Temperatur reduzieren und weitere 5 Minuten köcheln lassen.

≫ Das Hummercurry sofort servieren und einen Reispilaw dazu reichen.

SCHWARZES JAKOBSMUSCHELCURRY MIT WURZELGEMÜSE

VORBEREITUNSGZEIT: 30 Min.
KOCHZEIT: 40 Min.

ZUTATEN

Für 6 Personen

- 6 Möhren
- 6 weiße Rüben
- 40 g Butter
- 1 gehäufter EL schwarze Currypaste (siehe Rezept S. 11)
- 2 EL flüssiger Honig
- 50 ml Olivenöl
- 18 große frische Jakobsmuscheln, ohne Schale
- Salz
- 3 Zweige frischer Koriander

≫ Möhren und Rüben schälen und waschen. Die Möhren der Länge nach in vier Teile schneiden und die Rüben vierteln.

≫ Die Butter in einem flachen Topf zerlassen und das Gemüse 5 Minuten dünsten, aber nicht bräunen. Currypaste und Honig dazugeben und das Gemüse unter regelmäßigem Wenden 5 Minuten bei mittlerer Temperatur karamellisieren. Mit Salz abschmecken und mit Wasser aufgießen, bis das Gemüse knapp bedeckt ist. Den Topf mit Folie bedecken und das Gemüse 25–30 Minuten bei mittlerer Temperatur garen, bis es schön weich ist.

≫ Gegen Ende der Kochzeit das Öl in einer Pfanne erhitzen und die Jakobsmuscheln bei hoher Temperatur von jeder Seite 30 Sekunden braten und salzen.

≫ Die goldbraun gebratenen Jakobsmuscheln auf das Gemüse legen und weitere 2 Minuten garen. Mit gehacktem Koriander bestreuen und sofort servieren.

Mildes Garnelencurry mit Kokos und Kardamom

VORBEREITUNSGZEIT: **40 Min.**
KOCHZEIT: **1 Std.**

ZUTATEN

Für 6 Personen

- 30 Garnelen
- 100 ml Olivenöl
- 20 Kardamomkapseln
- 1 EL schwarze Pfefferkörner
- 1 EL gelbe Currypaste
  (siehe Rezept S. 10)
- 200 ml Kokosmilch
- Salz
- 40 g geriebene Kokosnuss

> Die Köpfe der Garnelen entfernen. Die Hälfte des Olivenöls in einem flachen Topf erhitzen und die Garnelen bei hoher Temperatur von jeder Seite 2 Minuten anbraten. 500 ml Wasser zugießen, aufkochen und 20 Minuten bei hoher Temperatur kochen.

> Die Kochflüssigkeit durch ein feines Sieb streichen und ca. 250 ml aufbewahren.

> Kardamomkapseln und Pfefferkörner mit einem Nudelholz oder im Mörser grob zerstoßen, in eine Pfanne geben und 5 Minuten bei mittlerer Temperatur rösten.

> Die Currypaste und das restliche Olivenöl dazugeben und weitere 5 Minuten unter Rühren ziehen lassen. Kokosmilch und Garnelenfond zugießen, salzen und weitere 15 Minuten köcheln lassen.

> In der Zwischenzeit die geriebene Kokosnuss in einer Pfanne ohne Zugabe von Fett 5 Minuten bei hoher Temperatur unter ständigem Rühren rösten.

> Die Garnelen und die gerösteten Kokosraspeln in die Sauce geben und weitere 10 Minuten bei mittlerer Temperatur köcheln lassen. Mit einem Salat aus geriebenen Möhren und Rosinen oder einem Dhal aus indischen Linsen servieren.

EIERCURRY MIT TOMATEN

VORBEREITUNGSZEIT: 30 Min.
KOCHZEIT: 45 Min.

ZUTATEN

Für 6 Personen

- 9 Eier
- 4 Tomaten
- 1 Zwiebel
- 40 g frischer Ingwer
- 3 Zweige frischer Koriander
- 50 ml Sonnenblumenöl
- 1 TL Paprikapulver
- 1 TL gemahlener Koriander
- ½ TL Kreuzkümmelpulver
- ½ TL Kurkuma
- Salz
- 50 ml Sherryessig

❯ Die Eier 10 Minuten in einem Topf mit kochendem Salzwasser hartkochen, abschrecken, schälen und halbieren. Die Eierhälften auf einem Servierteller anrichten.

❯ Die Tomaten waschen, halbieren, entkernen und grob hacken.

❯ Zwiebel und Ingwer schälen und hacken. Den Koriander entstielen und fein hacken.

❯ Das Öl in einem flachen Topf erhitzen und die Zwiebel 6–8 Minuten bei mittlerer Temperatur dünsten. Ingwer, gemahlene Gewürze, Salz, die gehackten Tomaten und 100 ml Wasser zufügen. Alles sorgfältig verrühren und bei niedriger Temperatur 15 Minuten köcheln lassen. Den Sherryessig zugießen und weitere 15 Minuten köcheln lassen (falls nötig, noch ein wenig Wasser dazugeben).

❯ Die Eier mit der Sauce übergießen und mit dem gehackten Koriander bestreuen. Sofort servieren.

GEMÜSECURRY MIT SENFKÖRNERN

VORBEREITUNGSZEIT: **40 Min.**
KOCHZEIT: **45 Min.**

ZUTATEN

Für 6 Personen

- 1 große Zwiebel
- 2 Möhren
- 400 g Kartoffeln
- 1 mittelgroße Aubergine
- 1 mittelgroße gelbe Zucchini
- 1 mittelgroße grüne Zucchini
- 3 Tomaten
- 2 gehäufte EL Senfkörner
- 1 Zimtstange
- 50 ml Olivenöl
- 2 EL Currypulver
- Salz

≫ Die Zwiebel schälen und würfeln. Möhren und Kartoffeln schälen, waschen und ebenfalls würfeln. Die Aubergine, die Zucchini und die Tomaten waschen und in gleich große Würfel schneiden.

≫ Die Senfkörner und die halbierte Zimtstange in einem flachen Topf ohne Zugabe von Fett 3 Minuten bei hoher Temperatur rösten. Die Temperatur reduzieren und das Öl zugießen. Zwiebel-, Kartoffel-, Möhren- und Auberginenwürfel dazugeben und mit Currypulver und Salz abschmecken. 6—8 Minuten bei mittlerer Temperatur unter regelmäßigem Rühren weiter dünsten.

≫ Kaltes Wasser zugießen, bis das Gemüse knapp bedeckt ist. Aufkochen und 20 Minuten bei mittlerer Temperatur köcheln lassen.

≫ Die Zucchini- und Tomatenwürfel untermischen und weitere 15—20 Minuten köcheln lassen, bis das Gemüse gar ist. Servieren Sie dieses Gemüsegericht zu einem Fleisch- oder Fischcurry.

KARTOFFELCURRY MIT ZITRONE UND KREUZKÜMMEL

VORBEREITUNSGZEIT: 20 Min.
KOCHZEIT: 30 Min.

ZUTATEN

Für 6 Personen

- 1,2 kg festkochende Kartoffeln
- 6 Knoblauchzehen
- 60 g frischer Ingwer
- 2 unbehandelte Zitronen
- 1 kleiner Bund frischer Koriander
- 50 ml Sonnenblumenöl
- 3 EL Kreuzkümmelsamen
- 2 EL Madras-Currypulver
- Salz, Pfeffer aus der Mühle

≫ Die Kartoffeln schälen, waschen und würfeln.

≫ Den Knoblauch schälen und hacken. Den Ingwer schälen und reiben.

≫ Die Zitronen waschen, in Zesten schneiden und den Saft auspressen.

≫ Den Koriander waschen, entstielen und fein hacken.

≫ Das Öl in einem flachen Topf erhitzen und Knoblauch und Kreuzkümmelsamen 5 Minuten bei mittlerer Temperatur dünsten. Kartoffeln, Currypulver, Ingwer, Salz und Pfeffer dazugeben. Die Kartoffeln sorgfältig wenden, bis sie vollständig mit dem Gewürzöl überzogen sind und 5 Minuten bei mittlerer Temperatur bräunen. Zitronenzesten und -saft dazugeben und mit Wasser aufgießen, bis die Kartoffeln knapp bedeckt sind. Mit Alufolie abdecken, aufkochen und 20–25 Minuten bei mittlerer Temperatur köcheln lassen, bis die Kartoffeln gar sind.

≫ Das Kartoffelcurry mit gehacktem Koriander bestreuen und sofort servieren.

BLUMENKOHLCURRY

VORBEREITUNSGZEIT: **15 Min.**
KOCHZEIT: **15 Min.**

ZUTATEN

Für 6 Personen

- 750 g Blumenkohl
- 1 TL Garam Masala
  (siehe Rezept S. 11)
- 2 EL Kreuzkümmelsamen
- 1 EL Kurkuma
- 1 TL gemahlener Koriander
- 1 TL Paprikapulver
- 80 ml Sonnenblumenöl
- 50 ml Zitronensaft
- Salz

≫ Den Blumenkohl in kleine Röschen zerteilen und in einem Sieb unter kaltem Wasser waschen.

≫ Eine große Pfanne erhitzen und alle Gewürze und Kräuter 5 Minuten bei mittlerer Temperatur rösten, dabei sorgfältig darauf achten, dass sie nicht anbrennen.

≫ Das Öl in die Pfanne gießen, die Blumenkohlröschen dazugeben und 5 Minuten bei mittlerer Temperatur dünsten, dabei vorsichtig in dem Gewürzöl wenden. 300 ml Wasser und Zitronensaft zugießen und salzen. Die Pfanne mit Alufolie abdecken und weitere 12–15 Minuten köcheln lassen. Der Blumenkohl sollte noch leicht bissfest sein.

≫ Als Hauptgericht oder Beilage zu einem Fleischcurry servieren.

Dieses Curry schmeckt auch kalt ausgezeichnet.

TAJINES!

LAMMTAJINE MIT KARTOFFELN UND OLIVEN

VORBEREITUNSGZEIT: 40 Min.

KOCHZEIT: ca. 2 Std.

ZUTATEN

Für 6 Personen

- 1,2 kg kleine festkochende Kartoffeln
- 2 große Zwiebeln
- 80 ml Olivenöl
- 1,5 kg Lammschulter, in große Würfel geschnitten
- 2 EL Kümmelsamen
- 2 EL flüssiger Honig
- Salz, Pfeffer aus der Mühle
- 3 Zweige frischer Thymian
- ½ Zweig Rosmarin
- 1 in Salz eingelegtes Zitronenviertel
- 250 g violette oder schwarze Oliven

≫ Den Backofen auf 160 °C vorheizen.

≫ Die ungeschälten Kartoffeln mehrmals unter kaltem Wasser waschen und abtrocknen.

≫ Die Zwiebeln schälen und fein hacken. Die Hälfte des Olivenöls in einem großen Schmortopf erhitzen und die gehackte Zwiebel 5 Minuten bei mittlerer Temperatur dünsten. Aus dem Topf heben und beiseitestellen.

≫ Das restliche Öl in den Topf geben und die Fleischwürfel bei hoher Temperatur 5–6 Minuten von allen Seiten anbraten. Die gedünsteten Zwiebeln, Kümmelsamen, Honig, Salz und Pfeffer zufügen, alles gut vermischen und leicht karamellisieren. Die ganzen Kartoffeln dazugeben und mit Wasser aufgießen, bis die Kartoffeln knapp bedeckt sind. Thymian und Rosmarin dazugeben, aufkochen, 5 Minuten kochen und von der Kochplatte nehmen.

≫ Den Deckel auflegen im Schmortopf 60 Minuten im Ofen schmoren.

≫ Die eingelegte Zitrone entkernen und fein würfeln.

≫ Den Topf aus dem Backofen nehmen und die Tajine vorsichtig rühren. Die Oliven und die gewürfelte Zitrone dazugeben. Den Topf wieder verschließen und die Tajine mindestens weitere 60 Minuten im Ofen schmoren. Das Fleisch sollte sehr zart sein. Thymian- und Rosmarinzweige vor dem Servieren herausnehmen.

LAMMHAXENTAJINE MIT INGWER

VORBEREITUNGSZEIT: **30 Min.**
KOCHZEIT: **2 Std. 15 Min.**

ZUTATEN

Für 6 Personen

- 3 mittelgroße Zwiebeln
- 6 Knoblauchzehen
- 100 g frischer Ingwer
- 50 ml Olivenöl
- 6 mittelgroße Lammhaxen
- 3 EL flüssiger Honig
- 1 EL Ingwerpulver
- 2 große Prisen Safranfäden
- Salz, Pfeffer aus der Mühle

> Den Backofen auf 180 °C vorheizen.

> Zwiebeln und Knoblauch schälen und fein hacken. Den Ingwer schälen und in feine Stäbchen schneiden.

> Das Olivenöl in einem Schmortopf erhitzen und die Lammhaxen von allen Seiten 6–8 Minuten bei hoher Temperatur anbraten. Aus dem Topf heben und beiseitestellen.

> Die gehackten Zwiebeln in den Schmortopf geben und 10 Minuten bei mittlerer Temperatur unter stetigem Rühren dünsten.

> Die Lammhaxen wieder in den Topf geben und mit Honig beträufeln. Frischen und gemahlenen Ingwer, Knoblauch, Salz und Pfeffer dazugeben, alles gut vermischen und leicht karamellisieren. Die Haxen mit Wasser aufgießen, bis sie knapp bedeckt sind. Den Deckel auflegen, alles kurz aufkochen und von der Kochplatte nehmen.

> Den Schmortopf 2 Stunden in den Backofen schieben und zwischendurch mehrfach wenden. Das Fleisch ist gar, wenn es sich leicht vom Knochen lösen lässt. Die Haxen vor dem Servieren 15 Minuten im zugedeckten Topf ruhen lassen.

LAMMTAJINE MIT PFLAUMEN UND MANDELN

VORBEREITUNSGZEIT: **30 Min.**
KOCHZEIT: **2 Std. 45 Min.**

ZUTATEN

Für 6 Personen

- 2 mittelgroße Zwiebeln
- 50 ml Olivenöl
- 6 große Lammstücke aus der Schulter, à ca. 250 g
- 1 EL Kreuzkümmelpulver
- 1 Prise Safranfäden
- 50 ml Cassislikör oder -sirup
- 2 EL flüssiger Honig
- Salz, Pfeffer aus der Mühle
- 120 g Mandeln, geschält
- 24 Pflaumen mit Kern

≫ Den Backofen auf 160 °C vorheizen.

≫ Die Zwiebeln schälen und fein hacken.

≫ Das Olivenöl in einem großen Schmortopf erhitzen und die Fleischstücke bei hoher Temperatur 6–8 Minuten von jeder Seite anbraten. Aus dem Topf heben und beiseitestellen.

≫ Die Zwiebeln in den Bräter geben und 5 Minuten bei mittlerer Temperatur dünsten. Die Lammstücke wieder in den Topf geben. Kreuzkümmelpulver, Safranfäden, Cassislikör oder -sirup, Honig, Salz und Pfeffer dazugeben. Bei mittlerer Temperatur unter vorsichtigem Wenden 5 Minuten schmoren. Mit Wasser aufgießen, bis das Fleisch knapp bedeckt ist. Kurz aufkochen und von der Kochplatte nehmen.

≫ Den Bräter abdecken und 60 Minuten im Ofen schmoren.

≫ In der Zwischenzeit die Mandeln in einer Pfanne ohne Zugabe von Fett 4–5 Minuten bei niedriger Temperatur rösten und in einem Schälchen beiseitestellen.

≫ Den Topf aus dem Ofen nehmen und die ganzen Pflaumen dazugeben. Weitere 90 Minuten im Ofen schmoren, dabei nach der Hälfte der Garzeit das Fleisch einmal wenden. 30 Minuten vor Ende der Schmorzeit die gerösteten Mandeln zufügen. Die Lammtajine heiß mit gegrillten Auberginen und einem Gemüse-auflauf oder Couscous servieren.

LAMMTAJINE MIT ZITRONE

VORBEREITUNSGZEIT: 30 Min.
MARINIERZEIT: 12 Std.
KOCHZEIT: ca. 3 Std.

ZUTATEN

Für 6 Personen

- 20 frische Minzeblätter
- 120 ml Olivenöl
- 1 EL Kreuzkümmelsamen
- 1 EL Kreuzkümmelpulver
- 1 Prise Paprikapulver
- Salz, Pfeffer aus der Mühle
- 2 mittelgroße in Salz eingelegte Zitronen
- 6 Scheiben von der Lammkeule, à ca. 250 g
- 2 große Zwiebeln
- 3 EL Zitrusblüten- oder anderen Honig
- 3 Safranfäden

≫ Am Vortag die Hälfte der Minzeblätter hacken. In einer kleinen Schüssel mit 80 ml Olivenöl, Kreuzkümmelsamen und -pulver, Paprikapulver, Salz und Pfeffer verrühren.

≫ Die Zitronen vierteln und die Kerne entfernen.

≫ Die Fleischscheiben und die geviertelten Zitronen in eine hochwandige Auflaufform legen. Das Gewürzöl zugießen und das Fleisch sorgfältig darin wenden. Mit Folie abdecken und 12 Stunden im Kühlschrank marinieren.

≫ Am nächsten Tag den Ofen auf 160 °C vorheizen.

≫ Die Zwiebeln schälen und hacken. Das restliche Olivenöl in einem Topf erhitzen und die Zwiebeln 5 Minuten bei mittlerer Temperatur dünsten. Aus dem Topf heben und beiseitestellen.

≫ Die marinierten Fleischscheiben ohne die geviertelten Zitronen in den Topf geben und bei hoher Temperatur 6–8 Minuten von jeder Seite anbraten. Die Zwiebeln wieder in den Topf geben und Honig, Safranfäden, Salz und Pfeffer dazugeben. Bei mittlerer Temperatur unter ständigem Rühren leicht karamellisieren. Wasser zugießen, bis das Fleisch knapp bedeckt ist. Kurz aufkochen und von der Kochplatte nehmen.

≫ Den Topf zudecken und in den Ofen schieben. 90 Minuten schmoren, ohne den Topf zu öffnen.

≫ Aus dem Ofen nehmen und die Zitronenstücke untermischen. Weitere 90–100 Minuten schmoren, bis das Fleisch sehr zart ist.

≫ Das Lammfleisch mit den Zitronenstücken auf einzelne Teller verteilen, mit dem Bratensaft begießen und mit den restlichen Minzeblättern bestreuen. Gegrillte Auberginen, eine Möhren-Orangen-Tajine (siehe Rezept S. 135) oder ein Minzcouscous dazu reichen.

Lammtajine mit Rosinen, Zwiebeln und Pistazien

VORBEREITUNSGZEIT: 30 Min.
KOCHZEIT: 2 Std. 30 Min.

ZUTATEN

Für 6 Personen

- 1 EL Koriandersamen
- 1 EL Ingwerpulver
- 30 g frischer Ingwer, geschält und gerieben
- 50 ml Olivenöl
- 1,5 kg Lammschulter, in große Würfel geschnitten
- Salz, Pfeffer aus der Mühle
- 2 mittelgroße Zwiebeln, gehackt
- 3 Knoblauchzehen, gehackt
- 3 EL flüssiger Honig
- 80 g helle Rosinen
- 70 g dunkle Rosinen
- 60 g grüne Pistazien, geschält

≫ Den Backofen auf 160 °C vorheizen.

≫ Die Koriandersamen in einem Mörser zerstoßen und mit Ingwerpulver und frischem Ingwer vermischen.

≫ Das Öl in einem Schmortopf erhitzen und die Lammfleischwürfel bei hoher Temperatur 6–8 Minuten von allen Seiten anbraten. Salzen und pfeffern. Aus dem Topf heben und beiseitestellen.

≫ Die Temperatur reduzieren, Zwiebeln und Knoblauch in den Topf geben und 6–8 Minuten unter ständigem Rühren dünsten. Die Gewürzmischung dazugeben und 2 Minuten ziehen lassen. Das Fleisch wieder dazugeben und mit dem Honig beträufeln. Bei hoher Temperatur karamellisieren. Mit Wasser aufgießen, bis das Fleisch knapp bedeckt ist. Kurz aufkochen und von der Kochplatte nehmen. Den Schmortopf abdecken und in den Ofen schieben. 60 Minuten schmoren.

≫ Den Schmortopf aus dem Ofen nehmen und helle wie dunkle Rosinen untermischen. Weitere 60–75 Minuten im Ofen schmoren. 15 Minuten vor Ende der Bratzeit den Deckel abnehmen.

≫ In der Zwischenzeit die Pistazien grob hacken und in einer Pfanne ohne Zugabe von Fett 3–4 Minuten rösten. In einem Schälchen beiseitestellen.

≫ Den Schmortopf aus dem Ofen nehmen und alles vorsichtig durchmischen. Mit den gerösteten Pistazien bestreuen und sofort servieren.

ORIENTALISCHE HÜHNERTAJINE

VORBEREITUNSGZEIT: 30 Min.
KOCHZEIT: 2 Std.

ZUTATEN

Für 6 Personen

- 2 große Zwiebeln
- 120 g frischer Ingwer
- 1 großer Bund frischer Koriander
- 1 EL Koriandersamen
- 600 ml Sonnenblumenöl
- 1 TL Paprikapulver edelsüß
- 3 Hühnerbrüste mit Flügel
- 3 Hühnerkeulen
- Salz, Pfeffer aus der Mühle

≫ Den Backofen auf 150 °C vorheizen.

≫ Zwiebeln und Ingwer schälen und fein hacken.

≫ Den frischen Koriander zupfen und fein hacken. Die Koriandersamen grob zerstoßen.

≫ 2 Esslöffel Sonnenblumenöl in einer Pfanne erhitzen und die Hühnerbrüste und -keulen von jeder Seite 2 Minuten anbraten. In einem großen Schmortopf oder einer Auflaufform auslegen. Koriandersamen, gehackten Koriander, Ingwer, Zwiebeln, Paprikapulver, Salz und Pfeffer in einer kleinen Schüssel vermischen und um das Hühnerfleisch herum verteilen. Das restliche Öl und etwas kaltes Wasser zugießen. Bei niedriger Temperatur kurz aufkochen und von der Kochplatte nehmen.

≫ Den Topf oder die Auflaufform mit Alufolie abdecken und 2 Stunden im Ofen schmoren, dabei von Zeit zu Zeit das Fleisch prüfen, es sollte sehr zart sein. Das Fleisch mit etwas Bratensaft servieren. Dazu passen gegrillte Tomaten, gegrillte Auberginen oder ein Zucchinigratin.

HÜHNERTAJINE MIT ZWIEBELN UND COUSCOUS

VORBEREITUNGSZEIT: 30 Min.
KOCHZEIT: 1 Std. 45 Min.

ZUTATEN

Für 6 Personen

- 400 g Möhren
- 4 mittelgroße Zwiebeln
- 30 g Butter
- Salz, Pfeffer aus der Mühle
- 3 EL flüssiger Honig
- 1 gestrichener TL Zimtpulver
- 2 Prisen Safranfäden
- 100 ml Olivenöl
- 3 Hühnerkeulen
- 3 Hühnerbrüste mit Flügel
- 500 ml Hühnerbrühe
- 1 gestrichener TL Ras el-Hanout
- 300 g Grieß oder Couscous
- 2 Zweige frischer Koriander

Sie können auch Kichererbsen dazugeben, bevor Sie das Huhn in den Ofen schieben.

≫ Den Backofen auf 160 °C vorheizen.

≫ Die Möhren schälen, waschen und in Scheiben schneiden. Die Zwiebeln schälen und fein hacken.

≫ Die Butter in einem Schmortopf zerlassen. Die Zwiebeln dazugeben, salzen, pfeffern und 10 Minuten bei mittlerer Temperatur dünsten. Honig, Zimtpulver und Safran untermischen und 10 Minuten ziehen lassen. Von der Kochplatte nehmen.

≫ Die Zwiebeln aus dem Topf heben und auf dem Boden einer großen Auflaufform verteilen.

≫ 3 Esslöffel Olivenöl in einer Pfanne erhitzen und die Hühnerfleischstücke bei hoher Temperatur 2 Minuten von allen Seiten anbraten. Salzen und pfeffern. Mit den Möhrenscheiben auf das Zwiebelbett legen.

≫ Die Hühnerbrühe in einem Topf mit Ras el-Hanout aufkochen und das Fleisch mit dieser Mischung übergießen. Mit Alufolie abdecken und ca. 90 Minuten im Ofen schmoren, bis das Hühnerfleisch sehr zart ist.

≫ Gegen Ende der Bratzeit das Couscous zubereiten. 300 ml Wasser in einem Topf aufkochen. Das Couscous in einer großen Schüssel mit dem restlichen Olivenöl und Salz vermischen. Mit dem kochenden Wasser übergießen, bis die Körnchen knapp bedeckt sind. Die Schüssel mit einem sauberen Küchentuch abdecken und das Couscous 10 Minuten ziehen lassen. Anschließend sofort mit einer Gabel auflockern.

≫ Das Couscous auf einer Servierplatte ausbreiten. Hühnerfleischstücke, Karotten und Zwiebeln darauf verteilen und mit der Brühe übergießen. Mit frischem Koriander bestreut servieren.

Hühnertajine mit Zucchini und Zitronenthymian

VORBEREITUNSGZEIT: **30 Min.**
KOCHZEIT: **1 Std. 45 Min.**

ZUTATEN

Für 6 Personen

- 6 lange gelbe Zucchini
- 3 Zwiebeln
- 3 Knoblauchzehen
- 80 ml Olivenöl
- 1 EL Ingwerpulver
- 3 Prisen Safranfäden
- 2 EL flüssiger Honig
- Salz, Pfeffer aus der Mühle
- 6 Hühnerkeulen
- 400 ml Hühnerbrühe
- 1 großer Bund Zitronenthymian

≫ Den Backofen auf 160 °C vorheizen.

≫ Die Zucchini waschen und längs halbieren.

≫ Zwiebeln und Knoblauch schälen und hacken. Die Hälfte des Olivenöls in einer Pfanne erhitzen, Zwiebeln und Knoblauch dazugeben und 10 Minuten bei mittlerer Temperatur dünsten. Ingwerpulver, Safranfäden, Honig, Salz und Pfeffer untermischen und 5 Minuten ziehen lassen. Auf dem Boden einer Auflaufform verteilen.

≫ Die Hühnerkeulen am Gelenk durchtrennen. Das restliche Öl in der Pfanne erhitzen und das Hühnerfleisch bei hoher Temperatur 3 Minuten von allen Seiten anbraten. Salzen und pfeffern.

≫ Die Hühnerkeulen und die halbierten Zucchini auf dem Zwiebel-Knoblauch-Bett verteilen. Die Brühe zugießen und mit den Thymianzweigen belegen. Mit Alufolie abdecken und in den Ofen schieben. 75–90 Minuten schmoren, dabei von Zeit zu Zeit das Fleisch prüfen. Es sollte sehr zart sein. Mit einem Orangencouscous servieren.

HÜHNERTAJINE MIT MÖHREN UND KICHERERBSEN

VORBEREITUNSGZEIT: 30 Min.

KOCHZEIT: 1 Std. 45 Min.

ZUTATEN

Für 6 Personen

- 6 Hühnerkeulen
- 2 mittelgoße Zwiebeln
- 50 ml Olivenöl
- Salz, Pfeffer aus der Mühle
- 1 Prise Safranfäden
- 1 EL Kreuzkümmelpulver
- 1 gestrichener TL Zimtpulver
- 2 Prisen Paprikapulver
- 3 EL flüssiger Honig
- 600 g Kichererbsen aus der Dose
- 18 kleine Möhren mit Grün
- 3 Zweige frischer Koriander

≫ Die Hühnerkeulen an den Gelenken durchtrennen, falten und zusammenbinden. Die Zwiebeln schälen und fein hacken.

≫ Das Öl in einem Schmortopf erhitzen und die Hühnerkeulen bei hoher Temperatur 5 Minuten von allen Seiten anbraten. Salzen und pfeffern. Aus dem Topf heben und beiseitestellen.

≫ Die Zwiebeln in den Schmortopf geben und bei niedriger Temperatur 10 Minuten dünsten. Gewürze und Honig untermischen und weitere 3 Minuten ziehen lassen.

≫ Die Hühnerkeulen auf das Zwiebelbett legen und mit Wasser aufgießen, bis das Fleisch knapp bedeckt ist. Den Deckel auflegen und die Keulen 45 Minuten bei niedriger Temperatur schmoren.

≫ In der Zwischenzeit die Kichererbsen in ein Sieb gießen und unter kaltem Wasser waschen. Die Möhren schälen, dabei etwas Grün belassen, und waschen.

≫ Möhren und Kichererbsen nach 45 Minuten zu den Hühnerkeulen in den Schmortopf geben (falls nötig, noch etwas Wasser zufügen). Den Deckel auflegen und weitere 45 Minuten bei niedriger Temperatur schmoren.

≫ Den Koriander waschen, zupfen und fein hacken.

≫ Am Ende der Schmorzeit die Keulen und das Gemüse aus dem Topf heben und die Sauce bei niedriger Temperatur einkochen. Alles wieder zur Sauce geben, den Koriander untermischen und heiß servieren.

TAUBENTAJINE MIT ZWIEBELN UND ERBSEN

VORBEREITUNGSZEIT: 30 Min.
KOCHZEIT: 1 Std. 15 Min.

ZUTATEN

Für 6 Personen

- 12 Schalotten
- 3 große Tauben
- Salz, Pfeffer aus der Mühle
- 80 ml Olivenöl
- 1 EL Kreuzkümmelpulver
- 2 große Prisen Safranfäden
- 2 Zimtstangen
- 2 EL flüssiger Honig
- 600 g Erbsen, enthülst
- 12 frische Minzeblätter

≫ Den Backofen auf 170 °C vorheizen.

≫ Die Schalotten schälen und fein hacken.

≫ Die Tauben mit einer Geflügelschere oder einem großen Messer halbieren und die Wirbelsäule heraustrennen. Die Taubenhälften mit Salz und Pfeffer einreiben. Das Olivenöl in einem großen Schmortopf erhitzen und die Taubenhälften bei hoher Temperatur 5 Minuten von allen Seiten anbraten. Aus dem Topf heben und beiseitestellen.

≫ Die Schalotten in den Topf geben und bei niedriger Temperatur 10 Minuten dünsten. Salzen und pfeffern. Kreuzkümmelpulver, Safranfäden, Zimtstangen und Honig untermischen und 5 Minuten unter ständigem Rühren ziehen lassen. Die Taubenhälften auf das Schalottenbett legen und 300 ml Wasser zugießen. Kurz aufkochen und von der Kochplatte nehmen.

≫ Den Deckel auflegen und den Schmortopf in den Ofen schieben. Die Tauben 45 Minuten schmoren.

≫ In der Zwischenzeit die Erbsen 5 Minuten in einem Topf mit kochendem Salzwasser garen. Abgießen und mit kaltem Wasser abschrecken.

≫ Den Schmortopf nach 45 Minuten aus dem Ofen nehmen und die Erbsen um die Taubenhälften verteilen. Den Deckel wieder auflegen und weitere 15–20 Minuten im Ofen schmoren.

≫ Die Minzeblätter waschen, fein hacken und unter die Taubentajine mischen. Vor dem Servieren 10 Minuten abgedeckt ruhen lassen.

KALBFLEISCHTAJINE MIT ARTISCHOCKEN

VORBEREITUNSGZEIT: 45 Min.
KOCHZEIT: 2 Std.

ZUTATEN

Für 6 Personen

- 2 große Zwiebeln
- 4 Knoblauchzehen
- 50 ml Olivenöl
- 1,5 kg Kalbsschulter, in Stücke geschnitten
- 2 EL flüssiger Honig
- 1 TL Zimtpulver
- 1 EL Kreuzkümmelpulver
- 250 ml frischer Orangensaft
- 3 große Orangenzesten
- Salz, Pfeffer aus der Mühle
- 6 kleiner oder 3 große Artischockenböden, frisch oder tiefgefroren
- Saft von 1 Zitrone

> Zwiebeln und Knoblauch schälen und fein hacken.

> Das Olivenöl in einem Schmortopf erhitzen und die Fleischstücke bei hoher Temperatur 5 Minuten von jeder Seite anbraten. Aus dem Topf heben und beiseitestellen.

> Zwiebeln und Knoblauch in den Topf geben und bei mittlerer Temperatur 10 Minuten dünsten. Das Fleisch wieder in den Topf geben, Honig, Zimt- und Kreuzkümmelpulver untermischen und das Fleisch 5 Minuten bei mittlerer Temperatur karamellisieren.

> Orangensaft und 250 ml Wasser zugießen und die Orangenzesten unterrühren. Mit Salz und Pfeffer abschmecken. Den Deckel auflegen und 75 Minuten bei niedriger Temperatur schmoren, dabei von Zeit zu Zeit umrühren.

> Die Artischockenböden je nach Größe in 6–8 Stücke schneiden. Artischocken und Zitronensaft nach 75 Minuten Schmorzeit mit dem Fleisch vermengen (falls nötig, noch etwas Wasser dazugeben). Weitere 45 Minuten zugedeckt bei niedriger Temperatur schmoren. Danach sollte das Fleisch sehr zart sein. Heiß servieren.

KALBFLEISCHTAJINE MIT MÖHREN

VORBEREITUNSGZEIT: **40 Min.**
KOCHZEIT: **2 Std. 15 Min.**

ZUTATEN

Für 6 Personen

- 1,5 kg Kalbsnuss oder -schulter
- 2 Zwiebeln
- 1 kg junge Möhren
- 50 ml Olivenöl
- Salz, Pfeffer aus der Mühle
- 1 gestrichener EL Ingwerpulver
- 1 gestrichener EL Kreuzkümmelpulver
- 2 Prisen Safranfäden
- 1 EL Harissa
- 1 kleiner Bund frischer Koriander

≫ Das Fleisch in große Stücke schneiden. Die Zwiebeln schälen und fein hacken. Die Möhren schälen, waschen und in circa 3 cm dicke Stücke schneiden.

≫ Den Backofen auf 160 °C vorheizen.

≫ Das Olivenöl in einem Schmortopf erhitzen und das Fleisch bei hoher Temperatur 2 Minuten von jeder Seite anbraten. Salzen und pfeffern. Das Fleisch aus dem Topf heben und beiseitestellen.

≫ Die Temperatur reduzieren, die Zwiebeln dazugeben und 10 Minuten dünsten. Ingwerpulver, Kreuzkümmelpulver, Safranfäden, Harissa und ein wenig Wasser zufügen und alles gut vermischen. Fleisch- und Möhrenstücke auf das Zwiebelbett legen. Mit Wasser auffüllen, bis das Fleisch knapp bedeckt ist. Kurz aufkochen und von der Kochplatte nehmen.

≫ Den Schmortopf abdecken und in den Ofen schieben. 60 Minuten schmoren. Aus dem Ofen nehmen, Fleisch und Möhren vorsichtig wenden und die Tajine für weitere 50—60 Minuten im Ofen schmoren, bis das Fleisch zart und die Möhren gar sind.

≫ Den Koriander waschen, entstielen und hacken. Kurz vor dem Servieren über die Tajine streuen.

Mit den Gewürzen können Sie noch gewürfelte, eingelegte Zitronen dazugeben.

KALBFLEISCHTAJINE MIT KLEINEM FRÜHLINGSGEMÜSE

VORBEREITUNSGZEIT: 50 Min.
KOCHZEIT: 1 Std. 40 Min.

ZUTATEN

Für 6 Personen

- 1,5 kg Kalbsschulter
- 1 große Zucchini
- 1 Fenchelknolle
- 300 g grüne Bohnen
- 1 Bund Frühlingszwiebeln
- 50 g frischer Ingwer
- 1 EL Kreuzkümmelpulver
- 1 TL Harissa
- 2 EL Orangenblütenwasser
- 50 ml Olivenöl
- Salz, Pfeffer aus der Mühle
- 300 g Saubohnen, enthülst
- 300 g Erbsen, enthülst
- 3 Stängel glatte Petersilie, gehackt

≫ Den Backofen auf 160 °C vorheizen.

≫ Das Fleisch in Stücke schneiden.

≫ Die Zucchini waschen, längs halbieren und in dicke, halbrunde Scheiben schneiden. Den Fenchel waschen, putzen und in kleine Stücke schneiden. Die grünen Bohnen waschen, die Enden abschneiden und die Bohnen halbieren. Die Frühlingszwiebeln waschen und putzen.

≫ Den Ingwer schälen, hacken und mit Kreuzkümmelpulver, Harissa und Orangenblütenwasser vermischen.

≫ Das Olivenöl in einem großen Schmortopf erhitzen und das Fleisch bei hoher Temperatur 2 Minuten von allen Seiten anbraten. Salzen und pfeffern. Die Temperatur reduzieren und die Ingwer-Gewürz-Mischung unterrühren. Fenchelstücke und Frühlingszwiebeln dazugeben und alles gut vermengen. Mit Wasser aufgießen, bis Gemüse und Fleisch knapp bedeckt sind. Kurz aufkochen und von der Kochplatte nehmen.

≫ Den Schmortopf zudecken und 45 Minuten im Ofen schmoren.

≫ In der Zwischenzeit die grünen Bohnen in einem Topf mit kochendem Salzwasser 6–8 Minuten garen, Saubohnen und Erbsen zufügen und weitere 3 Minuten kochen. Abgießen und unter kaltem Wasser abschrecken.

≫ Den Topf aus dem Ofen nehmen und alles vorsichtig umrühren. Die Zucchinistücke zufügen und weitere 45 Minuten im Ofen schmoren. Bohnen und Erbsen dazugeben und unterrühren. Weitere 10 Minuten ohne Deckel schmoren. Die heiße Tajine mit Petersilie bestreuen und servieren.

KALBFLEISCHTAJINE MIT DATTELN

VORBEREITUNSGZEIT: 30 Min.
KOCHZEIT: 2 Std.

ZUTATEN

Für 6 Personen

- 1,5 kg Kalbsschulter
- 3 rote Zwiebeln
- 1 Orange
- 1 TL Kreuzkümmelpulver
- 1 TL Zimtpulver
- 2 EL Orangenblütenwasser
- 50 ml Olivenöl
- Salz, Pfeffer aus der Mühle
- 3 EL flüssiger Honig
- 300 g große weiche Datteln

> Den Backofen auf 160 °C vorheizen.

> Die Kalbsschulter in große Stücke schneiden.

> Die roten Zwiebeln schälen und fein hacken.

> Die Orange waschen und Zesten aus der Schale schneiden. Kreuzkümmel, Zimt, Orangenzesten und Orangenblütenwasser in einer kleinen Schüssel vermischen.

> Das Olivenöl in einem Schmortopf erhitzen und die Fleischstücke bei hoher Temperatur 2 Minuten von allen Seiten anbraten. Das Fleisch aus dem Topf heben und beiseitestellen.

> Die Zwiebeln in den Topf geben, salzen und pfeffern. Bei niedriger Temperatur 15 Minuten unter ständigem Rühren dünsten. Das Fleisch wieder dazugeben und mit der Orangen-Gewürz-Mischung vermengen. Den Honig zugießen und alles vorsichtig verrühren, bis das Fleisch von allen Seiten mit Honig überzogen ist. Leicht karamellisieren. Mit kaltem Wasser auffüllen, bis das Fleisch knapp bedeckt ist. Kurz aufkochen und von der Kochplatte nehmen.

> Den Schmortopf zudecken und 60 Minuten im Ofen schmoren.

> Den Topf aus dem Ofen nehmen, die Datteln dazugeben und vorsichtig untermischen. Weitere 30–40 Minuten im Ofen schmoren. Das Fleisch sollte jetzt zart sein. Mit einer Gemüsetajine oder einem Gemüseauflauf servieren.

Hackbällchen vom Rind mit Safran

VORBEREITUNSGZEIT: 40 Min.
KOCHZEIT: 50 Min.

ZUTATEN

Für 6 Personen

- 1 Bund frischer Koriander
- 1 Bund glatte Petersilie
- 3 mittelgroße Zwiebeln
- 4 Knoblauchzehen
- 1,2 kg Rinderhackfleisch
- 2 EL Paprikapulver
- 2 EL Kreuzkümmelpulver
- Salz, Pfeffer aus der Mühle
- 50 g frischer Ingwer
- 100 ml Olivenöl
- 2 Prisen Safranfäden

≫ Koriander und Petersilie zupfen und fein hacken. 1 Zwiebel schälen und reiben. Den Knoblauch schälen und hacken.

≫ Das Fleisch in einer Schüssel mit der Hälfte der gehackten Kräuter, der geriebenen Zwiebel, dem Knoblauch, je 1 Esslöffel Paprika- und Kreuzkümmelpulver, Salz und Pfeffer vermischen. Das Hackfleisch sorgfältig durchkneten und mit den Händen zu nussgroßen Bällchen rollen. Die Hackbällchen auf einen Teller legen und kaltstellen.

≫ Die beiden restlichen Zwiebeln schälen und hacken. Den Ingwer schälen und reiben.

≫ 80 ml Olivenöl in einem flachen Topf erhitzen und die Zwiebeln bei niedriger Temperatur 10 Minuten dünsten. Das restliche Paprika- und Kreuzkümmelpulver, Ingwer, Safranfäden, Salz und Pfeffer dazugeben. Mit 300 ml Wasser auffüllen, aufkochen und bei mittlerer Temperatur 15 Minuten zu einer sämigen Zwiebelsauce einkochen.

≫ Von der Kochplatte nehmen und die restlichen gehackten Kräuter unterrühren.

≫ Den Backofen auf 180 °C vorheizen.

≫ Das restliche Olivenöl in einer großen Pfanne erhitzen und die Fleischbällen bei hoher Temperatur 2 Minuten von allen Seiten anbraten.

≫ Die Sauce in eine Tajineform gießen und die Hackbällchen hineinsetzen. Mit Alufolie abdecken und 20 Minuten im Ofen schmoren. Die Tajine aus dem Ofen nehmen und vor dem Servieren 10 Minuten zugedeckt ruhen lassen.

DORADENTAJINE MIT SCHWARZEN OLIVEN

VORBEREITUNGSZEIT: **40 Min.**
KOCHZEIT: **1 Std.**

ZUTATEN

Für 6 Personen

- 6 kleine Doraden, küchenfertig
- 2 mittelgroße Zwiebeln
- 400 g Zucchini
- 6 mittelgroße Tomaten
- 3 Knoblauchzehen
- 100 ml Olivenöl
- Salz, Pfeffer aus der Mühle
- ½ TL Kurkuma
- 150 g kleine schwarze oder violette Oliven
- 12 Basilikumblätter

≫ Jede Dorade in drei Stücke schneiden. Unter kaltem Wasser waschen und auf einem Teller in den Kühlschrank stellen.

≫ Die Zwiebeln schälen und grob würfeln. Die Zucchini waschen und ebenfalls grob würfeln. Die Tomaten waschen, halbieren, entkernen und in große Stücke schneiden. Den Knoblauch schälen und hacken.

≫ Die Hälfte des Olivenöls erhitzen. Zwiebeln und Knoblauch unter Rühren bei niedriger Temperatur 6–8 Minuten dünsten. Die Zucchini zufügen, salzen und pfeffern. 5 Minuten dünsten. Die gehackten Tomaten, Kurkuma und Oliven dazugeben und 30 Minuten bei niedriger Temperatur ohne Deckel einkochen.

≫ Den Backofen auf 180 °C vorheizen.

≫ Die Basilikumblätter waschen und fein hacken.

≫ Das eingekochte Gemüse in eine Auflaufform geben. Die Doradenstücke salzen und pfeffern, zum Gemüse geben und vorsichtig darin wenden. Mit dem restlichen Olivenöl beträufeln. In den Ofen schieben und 15–20 Minuten garen. Vor dem Servieren mit Basilikum bestreuen.

SEELACHSTAJINE MIT KICHERERBSEN UND KURKUMA

VORBEREITUNGSGZEIT: 20 Min.

KOCHZEIT: 35 Min.

ZUTATEN

Für 6 Personen

- 3 mittelgroße rote Zwiebeln
- 500 g Kichererbsen aus der Dose
- Salz, Pfeffer aus der Mühle
- 1 gestrichener EL Kurkuma
- 1 gestrichener TL Kreuzkümmelpulver
- 250 ml Fischfond
- 6 Scheiben Seelachs,
  à ca. 180–200 g
- 100 ml Olivenöl

> Die roten Zwiebeln schälen und fein hacken.

> Die Kichererbsen in ein Sieb gießen und unter kaltem Wasser abspülen.

> Drei Viertel des Olivenöls in einem Topf erhitzen und die Zwiebeln 15–20 Minuten bei niedriger Temperatur dünsten, dabei regelmäßig rühren. Salzen und pfeffern. Die Kichererbsen zufügen und mit Kurkuma und Kreuzkümmelpulver bestreuen. Den Fischfond zugießen, aufkochen und 10 Minuten bei mittlerer Temperatur auf die Hälfte einkochen.

> Den Backofen auf 180 °C vorheizen.

> Die Fischscheiben salzen und pfeffern. Das restliche Olivenöl in einer Pfanne erhitzen und den Fisch bei hoher Temperatur von beiden Seiten anbraten.

> Zwiebeln und Kichererbsen mit dem Kochsud in eine Auflaufform geben. Die Fischscheiben darauf verteilen und mit ein wenig Zwiebelsud beträufeln. In den Ofen schieben und 12–15 Minuten garen. Heiß servieren.

Sie können das Gericht auch mit dicken Lachs- oder Seehechtscheiben zubereiten.

MAKRELENTAJINE MIT GELBEN ZUCCHINI

VORBEREITUNGSZEIT: 45 Min.
KOCHZEIT: 50 Min.

ZUTATEN

Für 6 Personen

- 8 vollreife Tomaten
- 1 mittelgroße Zwiebel
- 3 Knoblauchzehen
- 100 ml Olivenöl
- 1 EL Kreuzkümmelpulver
- 1 EL Kreuzkümmelsamen
- 1 TL Paprikapulver
- 1 TL gemahlener Koriander
- 1 EL Zucker
- ¼ eingelegte Zitrone
- Salz, Pfeffer aus der Mühle
- 3 runde gelbe Zucchini
- 6 mittelgroße Makrelen
- 3 Zweige frischer Thymian

≫ Die Tomaten über Kreuz einschneiden und 20 Sekunden in einem Topf mit kochendem Wasser blanchieren. Abgießen und unter kaltem Wasser abschrecken. Die Haut abziehen, halbieren, entkernen und grob hacken.

≫ Zwiebel und Knoblauch schälen und hacken.

≫ Die Hälfte des Olivenöls in einem Topf erhitzen und Zwiebeln und Knoblauch 5 Minuten dünsten. Tomatenwürfel, sämtliche Gewürze, Zucker und die gewürfelte eingelegte Zitrone dazugeben. 150 ml Wasser zugießen und mit Salz und Pfeffer abschmecken. 30 Minuten bei mittlerer Temperatur unter regelmäßigem Rühren zu einer sämigen Tomatensauce einkochen.

≫ Den Backofen auf 180 °C vorheizen.

≫ Die Zucchini vierteln und die Viertel noch einmal quer halbieren. 2 Esslöffel Olivenöl in einer Pfanne erhitzen und die Zucchini bei hoher Temperatur 5 Minuten dünsten, dabei stetig wenden. Salzen und pfeffern.

≫ Die Makrelenköpfe entfernen und die Fische säubern. Jeden Fisch in 4–5 Stücke schneiden und auf Küchenpapier abtropfen lassen. Mit Salz und Pfeffer einreiben.

≫ Die Tomatensauce in eine Auflaufform gießen. Zucchini- und Fischstücke dazugeben und vorsichtig in der Sauce wenden. Mit Thymianzweigen belegen und mit dem restlichen Olivenöl beträufeln. In den Ofen schieben und 15–20 Minuten garen.

≫ Die Auflaufform aus dem Ofen nehmen, mit Alufolie fest verschließen und vor dem Servieren 5 Minuten ruhen lassen.

Mit Kräutern gefüllte Doraden-tajine in würziger Tomatensauce

VORBEREITUNSGZEIT: 45 Min.
KOCHZEIT: 1 Std. 15 Min.

ZUTATEN

Für 6 Personen

- 6 kleine Doraden, küchenfertig
- ¼ eingelegte Zitrone
- 1 Bund glatte Petersilie, gehackt
- 1 Bund Koriander, gehackt
- Salz, Pfeffer aus der Mühle
- 8 Tomaten
- 1 Zwiebel
- 4 Knoblauchzehen
- 2 grüne Chilis
- 100 ml Olivenöl
- 1 gestrichener TL Cayennepfeffer

≫ Die Doraden waschen und mit Küchenpapier abtupfen. Die Zitrone entkernen und fein würfeln.

≫ Petersilie und Koriander in einer Schüssel mit den Zitronen-würfeln vermischen, salzen und pfeffern. Die Doraden mit der Farce füllen und im Kühlschrank aufbewahren.

≫ Die Tomaten über Kreuz einschneiden und 20 Sekunden in kochendem Salzwasser blanchieren. Abgießen und unter kaltem Wasser abschrecken. Die Haut abziehen, halbieren, entkernen und grob hacken.

≫ Zwiebel und Knoblauch schälen und hacken. Die grünen Chilis waschen und ebenfalls hacken. Die Hälfte des Olivenöls in einem Topf erhitzen und Zwiebel und Knoblauch 5 Minuten bei mittlerer Temperatur dünsten. Tomatenwürfel, Chilis und Cayennepfeffer dazugeben. 150–200 ml Wasser zugießen und salzen. Mit Alufolie abdecken und bei niedriger Temperatur 45 Minuten köcheln lassen.

≫ Den Backofen auf 170 °C vorheizen.

≫ 1 Esslöffel Olivenöl in einer großen Pfanne erhitzen und die Doraden bei mittlerer Temperatur 2–3 Minuten von jeder Seite anbraten.

≫ Die Tomatensauce in eine große Auflaufform gießen, die Doraden darauf verteilen und mit dem restlichen Olivenöl beträufeln. In den Ofen schieben und 15–20 Minuten garen. Sofort servieren.

Sie können der Tomatensauce auch schwarze Oliven beigeben, bevor Sie das Gericht in den Ofen schieben.

ROTBARBENTAJINE MIT PAPRIKAGEMÜSE

VORBEREITUNSGZEIT: 40 Min.
KOCHZEIT: 1 Std. 15 Min.

ZUTATEN

Für 6 Personen

- 12 kleine Rotbarben, à ca.
  120—150 g, küchenfertig
- 3 grüne Paprika
- 3 rote Paprika
- 2 mittelgroße Zwiebeln
- 6 Tomaten
- 100 ml Olivenöl
- ½ Zweig Rosmarin
- Salz, Pfeffer aus der Mühle
- 100 g kleine schwarze Oliven

≫ Die Rotbarben unter kaltem Wasser waschen, trockentupfen und im Kühlschrank aufbewahren.

≫ Die Paprika halbieren, Kerne und Trennwände entfernen und das Fruchtfleisch fein würfeln. Die Zwiebeln schälen und hacken.

≫ Die Tomaten über Kreuz einschneiden und in einem Topf mit kochendem Wasser 20 Sekunden blanchieren. Abgießen und unter kaltem Wasser abschrecken. Die Haut abziehen und die Tomaten vierteln, entkernen und würfeln.

≫ Zwei Drittel des Olivenöls in einem flachen Topf erhitzen und die Zwiebeln 10 Minuten vorsichtig dünsten. Paprika- und Tomatenwürfel, Rosmarin, Salz und Pfeffer zufügen und alles vermischen. Das Gemüse ungefähr 60 Minuten bei niedriger Temperatur unter häufigem Rühren köcheln lassen.

≫ Den Backofen auf 180 °C vorheizen.

≫ Das Paprikagemüse in eine Auflaufform geben, dabei die Rosmarinzweige entfernen. Die kleinen Rotbarben auf das Gemüsebett legen. Mit Salz und Pfeffer bestreuen und mit dem restlichen Olivenöl beträufeln. Die Oliven um die Fische herum verteilen. Die Tajine im Ofen 12—15 Minuten im Ofen garen und sofort servieren.

Sie können die Rotbarben auch durch Rotbarbenfilets, Knurrhahn oder Doradenstücke ersetzen.

TAJINE MIT VIERFACH GEGARTEM GEMÜSE

VORBEREITUNSGZEIT: **40 Min.**
KOCHZEIT: **50 Min.**
RUHEZEIT: **10 Min.**

ZUTATEN

Für 6 Personen

- 3 große Möhren
- 2 mittelgroße Zucchini
- 4 Tomaten
- 2 mittelgroße Zwiebeln
- 2 rote Paprika
- 1 grüne Paprika
- 1 kleiner Bund frischer Koriander
- 100 ml Olivenöl
- 1 EL Kreuzkümmelpulver
- ½ TL Kurkuma
- 1 TL gemahlener Koriander
- 1 TL Harissa
- Salz

> Die Möhren schälen, waschen und in große Stifte schneiden. Die Zucchini waschen und in ebensolche Stifte schneiden. Die Tomaten waschen und in dicke Scheiben schneiden. Die Zwiebeln schälen und in Ringe schneiden. Die Paprika waschen, säubern und in ca. 1,5 cm dicke Lamellen schneiden. Den frischen Koriander entstielen und hacken.

> Das Olivenöl mit allen Gewürzen, Harissa, 1 Teelöffel Salz und 50 ml Wasser in einer kleinen Schüssel verrühren. Die Möhrenstifte mit einem Drittel dieses Gewürzöls vermischen und sternförmig in einer Tajine- oder Auflaufform auslegen. 50 ml Wasser zugießen und die Form mit Alufolie verschließen. 12–15 Minuten bei niedriger Temperatur köcheln lassen und die Folie abnehmen.

> Zwiebelringe und Paprikalamellen auf die Möhren legen und mit dem gewürzten Olivenöl einpinseln. Mit Alufolie verschließen und 10 Minuten bei niedriger Temperatur köcheln lassen. Die Alufolie entfernen. Die Zucchini dazugeben und mit etwas Gewürzöl beträufeln (falls nötig, noch etwas Wasser dazugeben). Erneut abdecken und 10–15 Minuten köcheln lassen.

> Die Alufolie entfernen, die Tomaten dazugeben und mit dem restlichen Gewürzöl beträufeln (falls nötig, noch etwas Wasser hinzufügen). Die Alufolie wieder auflegen und weitere 10 Minuten köcheln lassen. Die Kochplatte ausschalten und das Gemüse 10 Minuten ruhen lassen. Zu gegrilltem Fleisch oder einer Lamm- bzw. Kalbstajine servieren.

EIERTAJINE MIT TOMATEN UND THYMIANBOHNEN

VORBEREITUNSGZEIT: 40 Min.
KOCHZEIT: 50 Min.

ZUTATEN

Für 6 Personen

- 12 Tomaten
- 2 Zwiebeln
- 2 Knoblauchzehen
- 100 ml Olivenöl
- 1 kleiner Bund frischer Thymian
- Salz, Pfeffer aus der Mühle
- 400 g frische Saubohnen, enthülst
- 12 Eier
- 1 TL Kreuzkümmelpulver

≫ Die Tomaten über Kreuz einschneiden und in einem großen Topf mit kochendem Wasser 20 Sekunden blanchieren. Abgießen und unter kaltem Wasser abschrecken. Die Tomaten häuten, entkernen und grob hacken.

≫ Zwiebeln und Knoblauch schälen und fein hacken. Die Hälfte des Olivenöls in einem Topf erhitzen und Zwiebeln und Knoblauch 6–8 Minuten bei niedriger Temperatur dünsten. Tomatenwürfel und Thymianzweige dazugeben. 150 ml Wasser zugießen und mit Salz und Pfeffer abschmecken. Bei niedriger Temperatur 30 Minuten unter häufigem Rühren köcheln lassen.

≫ In der Zwischenzeit die Bohnen in einem Topf mit kochendem Salzwasser 5 Minuten kochen. Abgießen, unter kaltem Wasser abschrecken und die Haut abziehen.

≫ Den Backofen auf 170 °C vorheizen.

≫ Die Bohnen zur eingekochten Tomatensauce in den Topf geben und untermischen. Den Topf von der Kochplatte nehmen.

≫ Die Bohnen mit der Sauce auf sechs Auflaufförmchen verteilen. Über jedem Förmchen 2 Eier aufschlagen und mit Kreuzkümmelpulver und Salz bestreuen.

≫ Die Förmchen 15 Minuten im Ofen überbacken. Aus dem Ofen nehmen, mit dem restlichen Olivenöl beträufeln und sofort servieren.

MÖHREN-ORANGEN-TAJINE

VORBEREITUNSGZEIT: 30 Min.
KOCHZEIT: 50 Min.

ZUTATEN

Für 6 Personen

- 6 gelbe Möhren mit Grün
- 6 violette Möhren mit Grün
- 6 weiße Möhren mit Grün
- 1 große Zwiebel
- 50 ml Olivenöl
- 1 EL flüssiger Honig
- 1 TL Kümmelsamen
- 50 g kleine helle Rosinen
- Salz, Pfeffer aus der Mühle
- 300 ml Orangensaft ohne Fruchtfleisch
- 3 Knoblauchzehen

> Den Backofen auf 160 °C vorheizen.

> Alle Möhren schälen, waschen und etwas Grün belassen.

> Die Zwiebel schälen und fein hacken. Das Olivenöl in einem Schmortopf erhitzen und die gehackte Zwiebel 5 Minuten bei niedriger Temperatur dünsten. Die Möhren auf die Zwiebeln betten und Honig, Kümmelsamen und Rosinen dazugeben. Salzen und pfeffern. 4–5 Minuten bei niedriger Temperatur garen. Den Orangensaft zugießen und mit Wasser aufgießen, sodass die Möhren knapp bedeckt sind. Die ungeschälten Knoblauchzehen unterrühren. Den Topf mit Alufolie verschließen, alles kurz aufkochen und von der Kochplatte nehmen.

> Die Möhrentajine in den Ofen schieben und 45 Minuten schmoren.

> Den Topf aus dem Ofen nehmen, die Alufolie entfernen und die Sauce mit den Möhren leicht einkochen. Mit Couscous oder Bulgur sowie einer Hühner-, Lamm- oder Kalbfleischtajine servieren.

Auberginentajine mit Zwiebeln und Kichererbsen

VORBEREITUNGSZEIT: 30 Min.
RUHEZEIT: 1 Std. (zum Entwässern der Auberginen)
KOCHZEIT: 1 Std.

ZUTATEN

Für 6 Personen

- 2 Auberginen (ca. 700 g)
- Grobes Salz
- 400 g Kichererbsen aus der Dose
- 2 große Zwiebeln
- 150 ml Olivenöl
- Salz, Pfeffer aus der Mühle
- 2 EL flüssiger Honig
- 3 EL Kümmelsamen
- 2 Prisen Safranfäden

≫ Die Auberginen waschen und in 1 cm große Würfel schneiden. In ein Sieb legen und mit grobem Salz bestreuen. Mit einem Teller beschweren und 60 Minuten abtropfen lassen.

≫ Die Kichererbsen in einem Sieb unter fließendem, kaltem Wasser abspülen.

≫ Die Zwiebeln schälen und hacken. 50 ml Olivenöl in einem Schmortopf erhitzen und die Zwiebeln 15 Minuten bei niedriger Temperatur dünsten. Salzen und pfeffern. Honig, Kümmelsamen und Safranfäden untermischen und 10 Minuten ziehen lassen. Die Kichererbsen dazugeben und 200 ml Wasser zugießen. Alles gut vermischen und 5 Minuten köcheln lassen.

≫ Den Backofen auf 170 °C vorheizen.

≫ Das grobe Salz mit Küchenpapier von den Auberginen wischen. 50 ml Olivenöl in einer großen Pfanne erhitzen und die Auberginenscheiben bei niedriger Temperatur 12—15 Minuten von beiden Seiten dünsten. Pfeffern, aber nicht salzen.

≫ Auberginenscheiben und Kichererbsen in eine Auflaufform geben und mit dem restlichen Olivenöl beträufeln. Mit Alufolie abdecken und 20 Minuten im Ofen schmoren.

≫ Die Auberginentajine aus dem Ofen nehmen und vor dem Servieren 10 Minuten ruhen lassen. Als Hauptgericht oder als Beilage zu einer Fleischtajine genießen.

KARTOFFELTAJINE MIT KNOB-LAUCH UND KREUZKÜMMEL

VORBEREITUNGSZEIT: 30 Min.
KOCHZEIT: 45 Min.

ZUTATEN

Für 6 Personen

- 1 kg festkochende Kartoffeln
- 3 EL Kreuzkümmelsamen
- 2 EL Paprikapulver edelsüß
- 6 große Knoblauchzehen
- Saft von 2 Zitronen
- 100 ml Olivenöl
- Salz

≫ Die ungeschälten Kartoffeln waschen, in einem Topf mit kaltem Salzwasser aufsetzen und 20 Minuten kochen. Abgießen, sofort unter kaltem Wasser abschrecken und vorsichtig pellen.

≫ Den Backofen auf 170 °C vorheizen.

≫ Die Kartoffeln grob würfeln und in eine Schüssel geben. Kreuzkümmelsamen, Paprikapulver, die ganzen, ungeschälten Knoblauchzehen, Zitronensaft, Olivenöl und Salz dazugeben. Alles mit den Händen vorsichtig vermischen.

≫ Die Kartoffeln in eine Auflaufform geben und 100 ml Wasser zugießen. 20–25 Minuten im Ofen ohne Deckel schmoren. Zu einer Lamm- oder Kalbstajine servieren.

MENGENANGABEN!

FLÜSSIGKEITEN

metrisches System	amerikanisches System	andere Schreibweise
5 ml	1 Teelöffel	
15 ml	1 Esslöffel	
35 ml	1/8 Tasse	1 oz (oder once)
65 ml	1/4 Tasse oder 1/4 Glas	2 oz
125 ml	1/2 Tasse oder 1/2 Glas	4 oz
250 ml	1 Tasse oder 1 Glas	8 oz
500 ml	2 Tassen	
1 l	4 Tassen	

GEWICHTSEINHEITEN

metrisches System	amerikanisches System	andere Schreibweise
30 g	1/8 oz	
55 g	1/8 lbs	2 oz
115 g	1/4 lbs	4 oz
170 g	3/8 lbs	6 oz
225 g	1/2 lbs	8 oz
454 g	1 lbs	16 oz

TEMPERATUR

Temperatur	°Celsius	Thermostat	°Fahrenheit
gering	70 °C	2–3	150 °F
	100 °C	3–4	200 °F
mittel	120 °C	4	250 °F
	150 °C	5	300 °F
heiß	180 °C	6	350 °F
	200 °C	6–7	400 °F
sehr heiß	230 °C	7–8	450 °F
	260 °C	8–9	500 °F

Dank an Aurélie, Anne, Pierre-Louis und das gesamte Mango-Team!

© Mango, Paris 2015
Originaltitel: *Curry !*
Et tajines à partager entre potes
ISBN 978-23-17010-39-2
Leitung: Anne la Fay
Redaktion: Aurélie Cazenave
Herstellungsleitung: Laurent Quellet
Art Direction: Julie Mathieu
Satz: Natacha Marmouget
Korrektorat: Armelle Heron
Herstellung: Thierry Dubus, Marie Guibert

© der deutschen Ausgabe:
Ullmann Medien GmbH, Rolandsecker Weg 30, 53619 Rheinbreitbach

Übersetzung aus dem Französischen:
Annette Mader
Lektorat und Satz: ce redaktionsbüro

Gesamtherstellung:
Ullmann Medien GmbH, Rheinbreitbach

ISBN 978-3-7415-2214-7

10 9 8 7 6 5 4 3 2 1

www.ullmannmedien.com

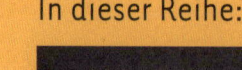

In dieser Reihe:

FISCH & CO! [VOM GRILL UND AUS DEM OFEN]

BURGER! [HOTDOGS UND BAGELS]

FLEISCH! [RIND, SCHWEIN, LAMM & CO]

KUCHEN! [MACARONS, ECLAIRS, TARTES & CO]

PASTA! [LASAGNE, RAVIOLI UND CANNELLONI]

FLEISCHBÄLLCHEN SPIESSE & CO! [HERZHAFTE UND SÜSSE SNACKS]

TAJINES! CURRYS & TAJINES!

CURRYS & TAJINES! CURRYS

TAJINES! CURRYS & TAJINES!

CURRYS & TAJINES! CURRYS